PM

改訂**7**版

プロジェクト
マネジメント

P R O J E C T   M A N A G E M E N T

PMBOK®
ガイド対応

CHANGE CONTROL BOARD/CONTINGENCY PLAN/CRITICAL
PATH/EARLY FINISH/EARLY START/FEASIBILITY STUDY/
FINISH-TO-FINISH/FINISH-TO-START/GANTT BAR/
GANTT CHART/LATE FINISH/LATE START/PROGRAM EVALUATION AND REVIEW TECHNIQUE/
RESPONSIBILITY ASSIGNMENT MATRIX/START-TO-START/WORK BREAKDOWN STRUCTURE/
WORK PACKAGE

中嶋秀隆
HIDETAKA NAKAJIMA

日本能率協会マネジメントセンター

本書は2017年11月刊行の『改訂6版 PMプロジェクトマネジメント』において陳腐化した表現を修正し、コラムを新たに7点追加したものです。内容としては、『改訂6版 PMプロジェクトマネジメント』から大きく変わるものではなく、予測型（ウォーターフォール型）のプロジェクト手法を中心に解説しています。

まえがき

　PMの国際的な専門家団体であるPMI（プロジェクトマネジメント・イン
スティチュート）は『プロジェクトマネジメント知識体系ガイド』
（『PMBOK® ガイド』）について、「初版」（1996年）から始めて、「2000
年版」、「第3版」（2004年）、「第4版」（2008年）、「第5版」（2012年）、
「第6版」（2017年）、「第7版」（2021年）と改訂を重ね、そのたびに内
容を進化させてきている。PMI日本支部の活動も活発で、PMIが認定す
るPMP®（Project Management Professional）の日本在住の取得者も本
書（改訂7版）執筆の時点で約4万人いる。

　プロジェクトマネジメント学会ではPMを体系的な学問として取りあげ、
わが国の大学・大学院レベルでのPM教育も確実に広がっている。
　日本発のPM体系である『プロジェクト&プログラムマネジメント標準ガ
イドブック』（P2M）は、それにもとづく資格認定も回を重ねており、発
刊元である日本プロジェクトマネジメント協会（PMAJ）では、各団体との
連携と相乗効果の発揮も進んでいる。

　私は20年以上にわたり、日本国内および海外で、大小さまざまのビジ
ネス・プロジェクトを経験し、それを踏まえてここ20余年、PMのインスト
ラクター、コンサルタントとして、PMの手法をビジネスパーソンに紹介し
ている。現在、志を同じくするインストラクター、コンサルタントがあらゆ
るビジネス・セクターの方に本書の「PM標準10のステップ」を紹介してい
る。

こうした過程の中、PMは今やあらゆるビジネスに活用され、成果をあげてきているが、ビジネスの進化に合わせてその内容を柔軟に変えてきている。とくに、2021年秋に刊行された『PMBOK ガイド® 第7版』は、第6版とは大きく変わっている。何が大きく変わったのか、その概要を以下に端的に説明しよう。

　『PMBOK® ガイド』は「初版」から「第6版」まで、「予測型」プロジェクトのプロセスについて詳細に論じてきた。各プロセスに「インプット」「ツールと技法」「アウトプット」を特定し、版を重ねるごとに拡充させて、「第6版」のページ数は776ページに及ぶ。
　「予測型」は「ウォーターフォール（Waterfall＝落ち水、滝）」ともいわれ、各作業が上から下に順に流れるイメージだ。最終ゴールをあらかじめ予測し（明確にし）、計画を詳細に作る。実行は計画に基づいて行い、変更は正規の変更管理手続きに従う、というものだ。本書も「予測型」プロジェクトのエッセンスを紹介する内容としている。『PMBOK® ガイド』第7版では開発アプローチを例に、これを図示している。

予測型開発アプローチのライフサイクル

出典：『PMBOK® ガイド』第7版

一方、近年IT（情報技術）の分野で広く行われるようになっているのが「適応型」プロジェクトで、「アジャイル（Agile＝俊敏）」がその代表だ。IT関連のプロジェクトでは、そもそも最終ゴールの決定が難しいので、計画はプロジェクトの進展に合わせて詳細化されるものと考える。そこで、要求事項をおおまかに決め、計画・設計・実装・テストを繰り返し（イテレーション）、システムをリリースしたら、ステークホルダーからのフィードバックに基づき、機能とバックログを更新して、次のイテレーションの優先順位を決める。

適応型開発アプローチのライフサイクル

プロジェクトとプロダクト・
ビジョンを定義

イテレーション1　　イテレーション2　　イテレーション3

出典：『PMBOK®ガイド』第7版

　そこで、「予測型」から「適応型」、そして中間にある「ハイブリッド型」までをカバーすることを念頭に、『PMBOK®ガイド』第7版ではプロセスを詳述することはやめ、「原理・原則」に基づいた構成で、「業界、場所、規模、実施アプローチを問わず適用される」抽象度の高い記述となり、ページ数も368ページとほぼ半減した。

具体的には第6版は前半の「知識体系ガイド」の10の知識エリア（統合、スコープ、スケジュール、コスト、品質、資源、コミュニケーション、リスク、調達、ステークホルダー）と後半の「プロジェクトマネジメント標準」で5つのプロセス群（立ち上げ、計画、実行、監視・コントロール、終結）で成り立っている。

　それに対し、第7版では前半の「プロジェクトマネジメントの原理・原則」でいわば「行動指針」として12のプロジェクト・パフォーマンス領域（スチュワードシップ、チーム、ステークホルダー、価値、システム思考、リーダーシップ、テーラリング、品質、複雑さ、リスク、適応力と回復力、チェンジ）を論じ、後半の「プロジェクトマネジメント知識体系ガイド」で8つのパフォーマンス領域（ステークホルダー、チーム、開発アプローチとライフサイクル、計画、プロジェクト作業、デリバリー、測定、不確かさ）について記述している。

　さらに、新たなウェブサイト「PMIstandards＋™デジタル・コンテンツ・プラットフォーム」を立ち上げ、PMIがこれまでに蓄積した知見――『PMBOK ガイド®』その他の出版物――と今後出現する新たな手法の詳細は、そちらに掲載し、リアルタイムで更新する形をとった。

　さらに日本語版の判型も第6版では米国レターサイズ（ほぼA4版）であったが、第7版ではB5版に小型化し、第6版からはば半減したページ数と合わせ、だいぶコンパクトになった印象である。

　このように、第7版ではビジネス環境が徐々にアジャイル開発を取り入れていく流れに沿った形で改訂が行われたわけだが、そうではあっても予

測型（ウォーターフォール型）のプロジェクトマネジメントはビジネス現場でのニーズが衰えることはなく、従来どおりその活用は進んでいる。

　そこで本書は第7版の改訂趣旨を踏まえた上で、予測型を中心に解説していく。

　本書が、読者のプロジェクトの手助けとなることと、プロジェクトマネジメントがさらなる進化を遂げることを、心から祈念している。

　　「プロジェクトマネジメントの素晴らしい世界へようこそ！」

『プロジェクトマネジメント標準』 の改訂と

PMIstandards＋™ デジタル・

『PMBOK®ガイド』第6版

プロジェクトマネジメント知識体系ガイド：
- はじめに、プロジェクトの運営環境、およびプロジェクト・マネジャーの
  役割
- 知識エリア
  - 統合
  - スコープ
  - スケジュール
  - コスト
  - 品質
  - 資源
  - コミュニケーション
  - リスク
  - 調達
  - ステークホルダー

プロジェクトマネジメント標準：
  - 立上げ
  - 計画
  - 実行
  - 監視・コントロール
  - 終結

付属文書、用語集、索引

PMIstandards＋™ デジタル・

- このプラットフォームは、「モデル、方法、作成物」の項を介して 『PMBOK® ガ
- プラットフォームには、すべてのPMI標準のコンテンツとプラットフォーム専用
- コンテンツは、新たな実務慣行を含め、実際の実務慣行の 「ハウツー」 を反映し

『PMBOK® ガイド』第6版から第7版への移行、コンテンツ・プラットフォーム

『PMBOK® ガイド』第7版

プロジェクトマネジメント標準：
- はじめに
- 価値実現システム
- プロジェクトマネジメントの原理・原則
  - ・スチュワードシップ　　・テーラリング
  - ・チーム　　　　　　　　・品質
  - ・ステークホルダー　　　・複雑さ
  - ・価値　　　　　　　　　・リスク
  - ・システム思考　　　　　・適応力と回復力
  - ・リーダーシップ　　　　・チェンジ

プロジェクトマネジメント知識体系ガイド：
- プロジェクト・パフォーマンス領域：
  - ・ステークホルダー　　　・計画
  - ・チーム　　　　　　　　・プロジェクト作業
  - ・開発アプローチと　　　・デリバリー
  - 　ライフサイクル　　　　・測定
  - 　　　　　　　　　　　　・不確かさ
- テーラリング
- モデル、方法、作成物

付属文書、用語集、索引

コンテンツ・プラットフォーム

イド』にリンクされており、そのコンテンツをさらに拡大している。
に開発されたコンテンツが組み込まれている。
ている。

出典：『PMBOK®ガイド』第7版

序　章　**プロジェクトマネジメント
　　　　── 標準10のステップ**

STEP　**1**　**プロジェクトの発足を通知する**

STEP **2** 背景を確認し、
プロジェクト目標を設定する

STEP **3** ワーク・パッケージを洗い出す

STEP **4** 役割を分担し、所要期間を見積もる

STEP 6 予算、その他の計画を作る

STEP 7 リスクに備える

STEP **8** 承認を取りつけ、ベースラインを設定する

STEP **9** 作業を実行し、変更をコントロールする

STEP 10　プロジェクトを終え、教訓を得る

Column

プロジェクトマネジメント
―標準10のステップ

　プロジェクトにはいろいろなものがあり、やり方も実にさまざまである。しかも、従来のわが国でのプロジェクトは、勘と経験に頼って十人十色のやり方で行われてきた。

　しかし、最近の価値観の多様化、異文化との大規模で直接の接触という動きの中で、環境の急激な変化に対応するには、勘と経験に頼らない、合理的で使いやすい技法が求められている。

　ここでは、まず、従来からありがちのプロジェクトマネジメントの問題点について取りあげる。続いて、本書で使うプロジェクトおよびプロジェクトマネジメントの意味を明らかにしよう。そして、プロジェクトマネジメントの３つの要素、５つの段階について紹介する。最後に、本書の中心テーマである、標準10のステップを概観する。

1 十人十色の プロジェクトマネジメント

● 宴会幹事の最初の仕事

　新年会でも歓迎会でも暑気払いでも忘年会でも何でもいい。職場の宴会の幹事をあなたが頼まれたとしよう。あなたはまず何を手がけるだろうか？

　「当然、レストランの予約をします。この前の宴会は洋風のビュッフェだったから、今度は趣向を変えて中華料理なんかどうかな。こんど駅前にオープンした店なんかどうだろう。よし、あそこに決めた。そのあとに、カラオケも悪くないね」（中堅の営業マンＡ氏）

　「出席する人の意見をまず訊きます。いつものとおり、飲んで食べて、カラオケなんていうのは変わりばえがしませんもの。この職場には女性も多いから、もっとおしゃれなイベントのほうが喜ばれるんじゃないかしら。たとえば東京湾クルーズとか」（女子社員のＢさん）

　「早速ゴルフ場を予約します。部内対抗のゴルフをしますから。しばらくやってないし、このあいだのコンペの借りを返さなくちゃね」（Ｃ課長）

　あなたの頭の中にも、楽しいアイデアが浮かんだことだろう。それを下に書き出していただきたい。

十人十色のプロジェクトマネジメント

　宴会の幹事というプロジェクトを引き受けたA氏、Bさん、C課長の3人は（そして、もしかしたらあなたも）、幹事の最初の仕事としてそれぞれ違う行動を取ろうとしており、そのどれもが自分の判断でよかれと思ったものである。プロジェクトの計画・実行についてのこういうやり方を、私は「十人十色のプロジェクトマネジメント」と呼んでいる。

　職場の宴会の幹事といったささいなプロジェクトであれば、計画がどうの、実行がどうの……と大袈裟なことを言わなくてもいいのかもしれない。しかし、これが会社の事業の中心となる重要なプロジェクトで、その計画と実行をあなたが引き受けたとしたらどうだろう？

　ビジネスショーへの出展、新製品の市場投入、ビルの竣工、複数のコンピュータ・システムの統合などの複雑なプロジェクトでは、1人や2人の力では計画も実行も到底できない。そんな複雑なプロジェクトに、宴会の幹事のように、十人十色のやり方で取り組んでも大丈夫なのだろうか？

プロジェクトはうまくいかないのが当たり前？

　国を挙げての大プロジェクトから、ビジネス上の重要プロジェクト、そして宴会の幹事まで、プロジェクトにはあらゆるものがあり、その多くはうまくいかない。と言うと、「いやオレのところのプロジェクトはだいたいうまくいっている」と反論する向きもあるに違いない。だが、本当にそうだろうか？

　「自分のところのプロジェクトはだいたいうまくいっている」と言われる方は、ご自身のプロジェクトを次の3つの観点から見直していただきたい。

　①プロジェクトの成果物の品質は当初のスペックを満たすものだったか？

②プロジェクトは当初の予算内で完了したか？

③プロジェクトは当初の期限どおりに完了したか？

この３つの質問のすべてに自信をもって「はい」と答えられる方はあまり多くないのではないか。そしてその理由は、プロジェクトを計画・実行する手法が確立されず、勘と経験による十人十色のやり方に任されていることが大きい。

◆ プロジェクトはなぜうまくいかないのか？

プロジェクトがうまくいかない理由を、いくつかのビジネスの現場から吸いあげてみると、次のようなものが共通して見られる。

- 具体的に何をしたらいいのかわからない。
- 目標がはっきりしないまま開始する。
- プロジェクトのスポンサーから横やりが入る。
- 予算を甘く見積もっている。
- 期限を甘く見積もっている。
- 必要な人数を甘く見積もっている。
- 必要な作業がスケジュールに表されていない。
- プロジェクトの全体像と自分の役割との関連がわからない。
- 報告書のルート、配付先、種類・内容・頻度が定まらない。
- 予期しない出来事のために影響を受ける。
- 最後は徹夜が当然だ……と思っている。

◆ うまくいくプロジェクトの条件

前記のような理由でプロジェクトがうまくいかないと、プロジェクトはどんな推移をたどるのか。プロジェクトのライフサイクルから、良い例と悪い例を比べてみよう。

　プロジェクトがうまくいく場合、後で述べるように、立ち上げ、計画、実行、監視・コントロール、終結の5つの段階をたどる。そして、コストと要員の投入レベルもおおむね**図表序-1**のような曲線を描く。さらに、終結の段階で、プロジェクト・チームとして、このプロジェクトからの体験訓――経験、知識、教訓――を集め、それを記録して次のプロジェクトに申し送り、役立てる。

図表序-1　プロジェクトのライフサイクル（良い例）

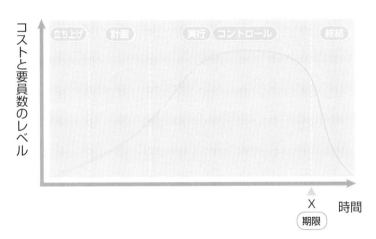

出典：『PMBOK® ガイド』

◆ 不本意なプロジェクトとは？

　一方、うまくいかないプロジェクトの典型的なライフサイクルは**図表序-2**（24ページ）のような線を描く。

　プロジェクトの目標が明確にされないうちに、「ともかくできることから始めよう」と、全体像を考慮せず、関連のありそうな作業を開始する。しかし、しばらくすると（たとえば点Aで）、誰かが、「ちがう、ちがう、このやり方じゃうまくいかないよ」と声高に言いだす。

そこで、話し合いがあって、作業はいったん止まり、作業量はストンと落ち込む。仲間同士の話し合いでプロジェクトをどう進めるかを合意し、改めて作業が始まる。またしばらくすると（たとえば点Bで）、上層部の人やプロジェクト・スポンサーが、プロジェクトの進捗状況を尋ねる。プロジェクト・マネジャーがそれに答えると、相手は、「ちがうよ、プロジェクト・チームにやってほしかったのはこっちのことなんだ」と新しい方向を示す。そこでまた、作業はいったん止まり、作業量はストンと落ち込む。これを私は「ツルの一声」現象と呼んでいる。

　何とか新しい方向に軌道を修正してプロジェクトの作業を再開するが、それまでに時間はPONR（Point of No Return）まで経過している。期限Xから逆算した「あともどりできない時点」だ。もはや、四の五の言っている場合ではない。やむをえず、期限Xに間に合わせる

図表序-2　プロジェクトのライフサイクル（悪い例）

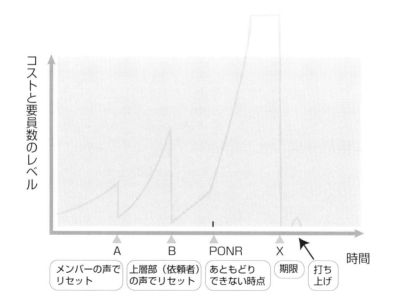

ために、それまで後手後手に回っていた手をいっせいに打つ。そのために、資材を短納期で発注したり、サービス契約を急拠結んだり、（読者のほぼ全員が思い当たることだが）そもそもプロジェクトとは何の関係もなかったはずの人をかり出して作業にあたらせたりする。その結果、価格で譲歩したり、相手が突きつける不利な条件を不本意ながら呑んだりする。これを私は「見切り発車」と呼んでいる。

　また、期限Xの直前のある期間は、時間外の勤務をいとわず、できることは何でもする。この時期のコストと要員数は上に大きく伸び、通常の上限をはるかに越えることもある。場合によっては、最後の3日間は徹夜で「突貫工事」を行い、「人海戦術」と称して、ヒトを際限なく投入する。そして、期限Xには、スペック（品質）を落としたり、スコープ（プロジェクトの規模）を削減したりして、何とか間に合わせる。こうして、問題はあったが、期限内に何とか乗り切り、プロジェクトは終わる。最後に参加者に慰労の打ち上げを開いて、プロジェクトはお開きとなる。

◈ 良いサイクル、悪いサイクル

　こうしたやり方には問題が多い。まず、品質やスコープで大きな譲歩をしたのではプロジェクトの本来の目標を達成できない。資材を短納期で発注することで、交渉上不利になる。やり直しが決まるまでにこなしていた作業は、まったくのムダになる。期限Xに間に合わせるために大幅な時間外労働が必要で、このことはコストアップになるだけでなく、参加する個人の暮らしのバランス（ワーク・ライフ・バランス）を大きく崩す。ずっと前から予定していた個人的イベント（たとえば、子供の学校行事や親戚の集まりなど）は当日の朝になってからドタキャンし、「急に仕事が入って」などと情けない説明をする。そして、ともかく終わった…と参加者に慰労の打ち上げを開くだけでは、プロジェクトの教訓が蓄積されず、次のプロジェクトでも同じよ

うなライフサイクルを繰り返すことになる。

　つまり、良い例では、プロジェクトそのものがうまくいくだけでなく、次のプロジェクトにその教訓が活かされる。うまくいかないプロジェクトでは、次のプロジェクトにその教訓が活かされず、毎回同じようなサイクルを繰り返す（**図表序-3**）。

　それぞれのサイクルが繰り返されると、教訓の蓄積の差はどんどん広がる。すなわち、良いサイクルを繰り返すと、プロジェクトの教訓が蓄積され、プロジェクトの時間やコストの見積りの精度は向上し、所要期間の短縮などにつながる。一方、悪いサイクルでは、毎回、似たようなことの繰り返しで、品質やスコープ面での譲歩、交渉上の不利、やり直しによるムダ、参加する個人の暮らしのアンバランスなどから脱却できない。まさに「不毛なる1000本ノック」の繰り返しだ。

◆ 標準手法としてのプロジェクトマネジメント

　本書では、この十人十色のプロジェクトマネジメントから脱し、合理的で使いやすいプロジェクトマネジメントの手法を具体的にわかりやすく紹介することを目的とする。

　私はビジネスパーソンとして、これまで数々のプロジェクトに直接関わり、少しの成功と数多くの失敗を繰り返してきた。そういうプロジェクトは、時間の制約が厳しいもの、予算が厳しいもの、必要なメンバーの動員が思うにまかせないもの、異文化間のコミュニケーションが進捗を遅らせるもの…など、個々の条件もユニークに違う。その中で、何かおかしいぞ、もっといい方法がないだろうか、と考え続けてきた。そして関係する本を読み漁ったり、いくつかの研修に参加したりした。そうした経験や学習、検討のエッセンスを集大成したのが本書である。

　価値観が多様化し、経済のグローバル化が進む中、異なる価値観や文化においても横断的に通用する手法が必要である。昨今、わが国で

図表序-3　良いサイクル　悪いサイクル

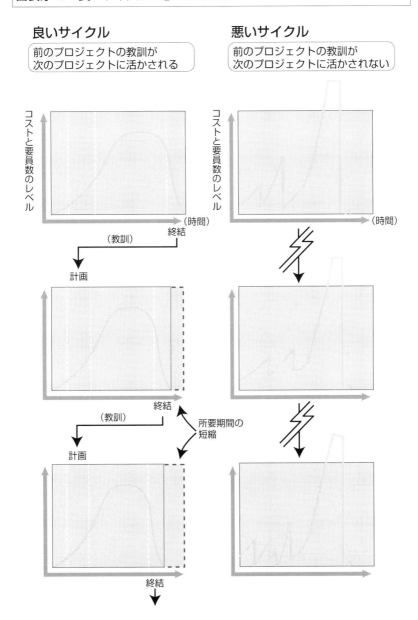

良いサイクル

前のプロジェクトの教訓が
次のプロジェクトに活かされる

悪いサイクル

前のプロジェクトの教訓が
次のプロジェクトに活かされない

は標準手法の必要がいろいろな分野で叫ばれている。プロジェクトマネジメントの分野では、本書に紹介する「標準10のステップ」がそれにあたる。

　PMI（プロジェクトマネジメント・インスティチュート）では『プロジェクトマネジメント知識体系ガイド』（『PMBOK®ガイド』）第6版で、プロジェクトマネジメントの知識エリアとして、統合、スコープ、タイム、コスト、品質、資源、コミュニケーション、リスク、調達、ステークホルダーの10をあげている。そして10の知識エリアのそれぞれは、ISO21500が提唱する10のサブジェクトグループと同じものである。

　本書では、『PMBOK®ガイド』第6版の10の知識エリアとISO21500の10のサブプロジェクトグループを、読者が理解しやすいように組み替え、実務適用に向けた「標準10のステップ」として紹介している。

　プロジェクトに参加する人の大半が「善意のかたまり」で作業に取り組んでいるが、プロジェクトの多くはうまくいかない。その理由は確たる進め方を理解していないからだ。標準手法がないままに成り行き任せにしているからにほかならない。そういう人の善意が報われることを願ってやまない。

　では、ここから、「予測型（ウォーターフォール方式）」PMの標準手法について、順を追って見ていこう。

2 プロジェクトマネジメントとは何か?

　ここで、プロジェクト、およびプロジェクトマネジメントという用語の意味を明らかにしておこう。本書では、次の意味で使っている。

● プロジェクトマネジメントの定義

　ある研修で、プロジェクトを数多くこなしてきたという受講生の方々に「プロジェクト」という語を定義してもらった。すると、次のような答えが返ってきたことがある。

　「何人かの人間がいきなり集められ、言われた仕事をやっつけて、期限が来たら、打ち上げをやって終わること」

　なるほど、素直な定義かもしれない。しかし、これでは的を射ているとは言えない。

　本書ではこれを次のように定義する。

> プロジェクトとは、通常の業務とは異なる独自の目標を達成するために、期間を限定して行う業務である。それは、①品質（Quality）、②資源（Cost）、③時間（Delivery）、の3つの要素を管理し、バランスをとりながら行う。

　プロジェクトを効果的に実行するには、プロジェクト・チームを組織し、目標を設定し、プロジェクトの詳細を計画し、進捗をモニターしながら進める。そして、この複雑な一連の作業を、期限どおりに予算内に、完了することをめざす。そこで、本書では、「プロジェクトマネジメント」を次のように定義する。

> プロジェクトマネジメントとは、一連の技法、プロセス、システムを駆使して、プロジェクトを効果的に計画、実行、コントロールすることである。

◆ プロジェクトマネジメントの3つの要素

　宴会の幹事の例でみたように、「プロジェクト」という語は、通常、緩やかに規定され、使い方もバラバラである。

　オフィスのデジタル化を推進するために、古くなったファイルを一掃しようと管理スタッフが張り切るときにも、子どもが自分の部屋を掃除するように母親から言いつけられたときにも「プロジェクト」という語が使われることがある。休日に家の周りの生け垣を刈り込むことも、妻に協力して花壇の花を植え替えることも「プロジェクト」と言えないこともない。

　しかし、これらの活動は、厳密には、本書で取りあげる「プロジェクト」にはあたらない。

　「プロジェクト」は①品質（Quality）、②資源（Cost）、③時間（Delivery）の3つの要素をもつものだからである。そしてプロジェクトマネジメントでは3つの要素（「制約三条件」と呼ばれる）のバランスをとる必要がある。

図表序-4　プロジェクトマネジメントの3つの要素

時間（D）　　　資源（C）

品質（Q）

①品質（Q：Quality）

プロジェクトの成果物は、品質とスコープとであらわす。プロジェクトの成果物に何を含み、何を含まないかをスコープで明確にし、さらに成果物に要求される品質レベルをスペック（仕様）で示す。この品質レベルがプロジェクトの完了・成功の判断基準になる。

つまり、スコープがプロジェクトの「量」、スペックが「質」にあたる。

②資源（C：Cost）

プロジェクトに投入する資源は、プロジェクト・チームに参画するメンバー（ヒト）、プロジェクトの実行に必要な装置・資材・備品等（モノ）、この両者を含む資金（カネ）の３つから成る。

③時間（D：Delivery）

プロジェクトには開始と終了があり、この２つの時期の間がプロジェクトの所要期間である。終了の期限は、プロジェクト計画を作る前に決められていることもあるし、計画の概要ができてから、プロジェクト・マネジャーとプロジェクト・スポンサーが打ち合わせて決めることもある。

プロジェクトは通常の業務とは離れて行う作業であるから、定常業務は対象としない。プロジェクトの進行中にも、組織のメンバーは定常業務を従来どおりに実施する。さらに、プロジェクトが生み出した成果物が通常の組織に引き継がれる場合もある。その場合、引き継いだ組織ではプロジェクトの成果物を定常業務の一環で活用する。

通常の組織のメンバーがプロジェクトに参画する場合、参画の合意を通常の組織から取りつけ、定常業務の遂行とプロジェクトへの参画とのバランスをとることが求められる。

二律背反、三律背反、そして……

　日本の古典に「忠ならんとすれば孝ならず、孝ならんとすれば忠ならず」（平重盛）という有名な言葉がある。あちらを立てればこちらが立たず、という二律背反の場面だ。

　夏目漱石の『草枕』では主人公はこう考えた。「智に働けば角が立つ。情に棹させば流される。意地を通せば窮屈だ。とかくに人の世は住みにくい。」こちらは、知情意という３つの価値観に折り合いをつけることの難しさ──三律背反──を述べたものだ。

　ビジネスではいくつかの重要なスペック（仕様）の間で折り合いをつけることを求められる例は、枚挙にいとまがない。

　さらにプロジェクトでもQCDの三項だけではなく、人間、安全、環境…など、考慮すべき対象が広がっている。プロジェクトの挑戦は、今後も続いていく。

賢者のアドバイス

「プロジェクトマネジメントは、目標達成の技法である」

冨永 章 氏（PMコンサルタント）

3 本書の対象

『PMBOK® ガイド』は第6版に至るまでプロセスを中心にして、個々のプロセスの「インプット」「ツールと技法」「アウトプット」を詳述してきた。

しかし、『PMBOK® ガイド』第7版では、プロセス中心の記述をやめ、前半で「プロジェクト・マネジメントの原理・原則」を取りあげている。さらに後半の「PMBOK® ガイド」の本体部分では、「開発アプローチ」を例にあげつつ、プロジェクトマネジメントの手法は「予測型」と「適応型」に大別できて、さらにその中間に「ハイブリッド」があると整理している。「予測型」はいわゆる「ウォーターフォール方式」であり、「適応型」の代表格が「アジャイル方式」である。

開発アプローチ

予測型　　ハイブリッド　　適応型

徐々に反復型および漸進型に

出典：「PMBOK® ガイド」第7版

本書では「予測型（ウォーターフォール方式）」に対象を絞り、その進め方のエッセンスを解説している。なお、『PMBOK® ガイド』第6版から第7版への移行については、本書の「まえがき」で簡単に触れた。

4 本書の構成

◆ プロジェクトマネジメントの5つの段階

プロジェクトの開始から終了までの流れは、大きく5つの段階に分けることができる（**図表序-5**参照）。

まず、「立ち上げ」段階で、プロジェクトの発足を決意し、そのことを関係者に知らせる。

次の「計画」段階では、プロジェクト目標を決め、その目標を達成するために具体的で詳細な計画を作る。

「計画」のあとに「承認」があることに注意してほしい。できあがった計画についてキー・パーソン（たとえば、スポンサー）から承認を取りつけたら、それがはじめて実行案となる。

そして「実行」段階と「コントロール」段階では、プロジェクト・マネジャーは進捗をモニターし、チーム・メンバーを支援し、プロジェクト・スコープの変更をコントロールする。

「終結」段階でプロジェクトの成果物ができあがる。事後の振り返りをし、成果物について、品質、コスト、時間のそれぞれの面から検討する。さらに、プロジェクトマネジメントのやり方そのものについても取りあげ、反省点や教訓を得て、今後のプロジェクトに役立てる。

この5つの段階を、プロジェクトのライフサイクルとして、コストの要員数のレベルとの関係でみると、**図表序-6**のように示すことができる。

図表序-5　プロジェクトマネジメントの5つの段階

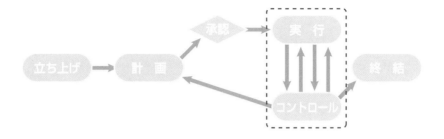

図表序-6　プロジェクトのライフサイクル（良い例）

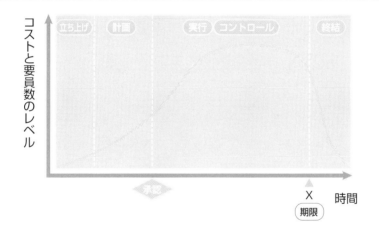

◆ プロジェクトマネジメント——標準10のステップ

　プロジェクトマネジメントの5つの段階は10のステップから成る。本書では、その1つひとつを順番に取りあげる。

　「立ち上げ」の段階がすべての始まりだ。このステップ1で、プロジェクト・スポンサーがビジネス・ニーズを検討し、「よしやろう」と意思決定をし、プロジェクト・マネジャーを任命し、「プロジェクトの発足を通知する」。

　「計画」の段階は6つのステップから成る。

まずステップ2で、プロジェクト・マネジャーとチーム・メンバーが、「背景を確認し、プロジェクト目標を設定する」。

　次にステップ3で「ワーク・パッケージの洗い出し」をする。ここではプロジェクト全体を、見積りとコントロールが可能な小さな作業に分解する。

　ステップ4で「役割を分担し、所要期間を見積もる」。ここでは、過去の類似プロジェクトの実績値をどのように役立てるかも考える。

　ステップ5では、「バランスのとれたスケジュールを作る」。それにはまず、「ネットワーク図を作りクリティカル・パスを明らかにする」ことに焦点をあてる。すでに行った作業の洗い出しとそれぞれの所要時間の見積りから、クリティカル・パスに注目し、その意味と使い方を考える。そして、ガント・チャートを使って、「スケジュールを図示する」。さらに、「メンバーの負荷をならす」で、要員1人ひとりにかかる作業負荷を取りあげ、問題点を把握し、解決策を考える。

　ステップ6の「予算、その他の計画を作る」では、単期および累計の予算とそのコントロールについて検討するとともに、品質、ステークホルダー、コミュニケーションを取りあげ、資源と調達のポイントについても考える。

　「計画」段階の最後は、ステップ7「リスクに備える」だ。ここではリスク分析の具体的な方法および予防対策、発生時対策についてみてみる。

　「計画」ができたら、ステップ8で「承認を取りつけ、ベースラインを設定する」。つまり、「立ち上げ」のステップ1でプロジェクト・スポンサーが発足させたプロジェクトについて、ステップ2〜7でプロジェクト・チームが詳細な計画を立案する。それを実行に移すことを、ステップ8でスポンサーが承認する。それを皮切りに、ステップ9でプロジェクトの実作業が動き出す。

　「実行」と「コントロール」の段階は、ステップ9にあたり、「作業

を実行し、変更をコントロールする」。プロジェクト・マネジャーはチーム・メンバーを支援し、障害があればそれを除去して、プロジェクトをコントロールする。要員計画やメンバーのモラール、予算の消化などに目を配りながら、関係者に進捗を報告をする。ここでは、状況の変化に応じて、プロジェクトの計画を変更することもある（統合変更管理）。その意味でプロジェクトの目標や計画は「生き物」であり、プロジェクトが完了するまで、必要な変更・刷新を続ける。

　「終結」の段階はステップ10にあたる。ここでは、プロジェクトの成果物ができあがる。「事後の振り返り」を行い、成果物について、品質（Quality）、資源（Cost）、時間（Delivery）のそれぞれの面から、検討する。プロジェクトマネジメントのやり方そのものについても取りあげ、反省や教訓を得て、今後のプロジェクトに役立てる。

　以上のような流れを一覧にすると、**図表序-7** のようになる。

賢者のアドバイス

「プロジェクトマネジメントはアートとサイエンスを兼ね備えた、プロジェクトの漢方薬である。組織は体質を改善し、個人は人生100年時代を生きる糧を得る」

清水 計雄 氏（PMコンサルタント）

図表序-7　プロジェクトマネジメント──標準10のステップ

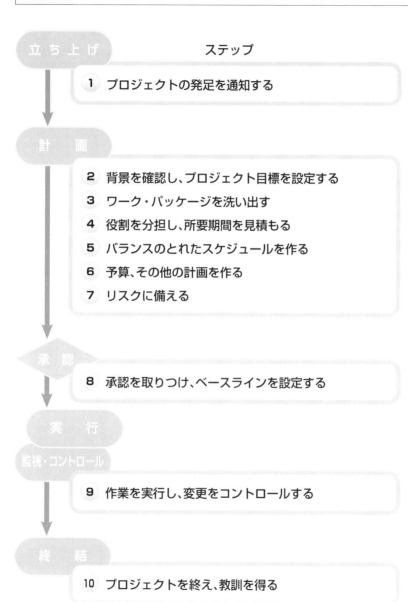

立ち上げ	ステップ

1　プロジェクトの発足を通知する

計　画

2　背景を確認し、プロジェクト目標を設定する
3　ワーク・パッケージを洗い出す
4　役割を分担し、所要期間を見積もる
5　バランスのとれたスケジュールを作る
6　予算、その他の計画を作る
7　リスクに備える

承　認

8　承認を取りつけ、ベースラインを設定する

実　行

監視・コントロール

9　作業を実行し、変更をコントロールする

終　結

10　プロジェクトを終え、教訓を得る

PM 知識体系と「守破離」

わが国の武道や芸術の世界に「守破離（しゅはり）」という語がある。師弟関係のあり方を示すもので、スキル習得を3段階でとらえている。

最初は、初学者が師の指導を忠実に学ぶ「守」。次が、その型を乗り越え、自分に合った型を模索するために、既存の型を打ち壊す「破」。そして「離」では、型を離れて自分なりのやり方に行き着くとされる。

これをプロジェクトマネジメントのスキルの体得に当てはめると、「守」で『PMBOK®ガイド』などの知識体系を理解することに努める。ここでは、関連書を読んだり、研修に参加したりするのが有効だ。

「破」では、知識体系を自分のプロジェクトや業界に当てはめてみる。そして、そこに合うやり方を見つけるために、いろいろな工夫をする。プロジェクトマネジメントが行われる状況は千差万別であり、ここでの工夫が、やがて大きな違いになる。これができる人と組織は大きく成長する。

「離」まで進むと、最適解に至る。ここまでくれば、自分や自社なりのやり方が明らかになる。そして、この最適解は変わり続けるということに注意したい。プロジェクトは生き物にほかならないからだ。

「守破離」は、プロジェクトマネジメントでも力を発揮するに違いない。

賢者のアドバイス

「プロジェクトの進め方は、現場の実務家が構築し、日々、改善していくべきものである」

田中 弘 氏（PMコンサルタント）

プロジェクト、プログラム、ポートフォリオ

　「プロジェクト」という語については29ページで定義したが、これに関する用語について整理しよう。

　相互に関連するプロジェクトの集まりを「プログラム」といい、「プロジェクト」と「プログラム」、「定常業務」を網羅したものを「ポートフォリオ」という（下図）。

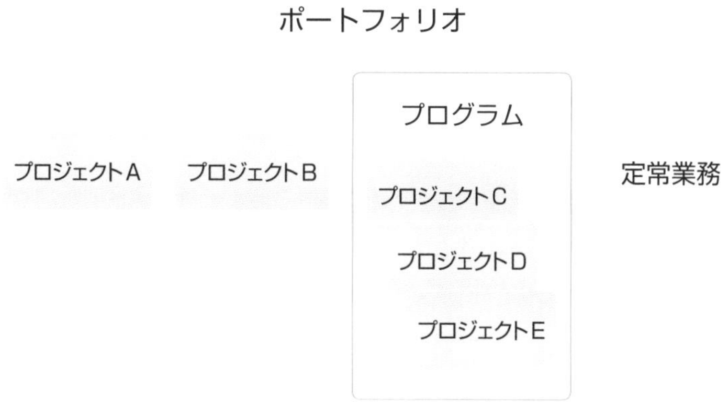

ポートフォリオ

プロジェクトA　　　プロジェクトB

プログラム

プロジェクトC

プロジェクトD

プロジェクトE

定常業務

　「プログラム」や「ポートフォリオ」についても、「プロジェクト」と同様，知見の集約や普及、進化が進んでいる。

プロジェクトの発足を
通知する

　プロジェクトは定常業務とは違うので、スタートするのに特別の手続きが必要である。

　そのきっかけとなるのが、プロジェクト・スポンサーが発行する「プロジェクト憲章」だ。

1 ビジネス・ニーズを検討する

◆ プロジェクトが必要になる背景とは？

　プロジェクトが必要となる背景には、いろいろなものがある。最新デジタル機器のような新商品をプロジェクトで開発し世に出すこともあれば、社会の高齢化に合わせて新たな社会施策をプロジェクトで打ち出すこともある。さらに、環境への配慮の機運の高まりが、環境保全プロジェクトの発足を後押しすることもあろう。

　一般に、プロジェクトが必要となる背景には、次のようなニーズがある（『PMBOK® ガイド』第5版）。

①　市場での需要
②　戦略的機会やニーズ
③　社会的ニーズ
④　環境への配慮
⑤　顧客の要請
⑥　技術的進歩
⑦　法的要件

2 プロジェクトの妥当性を判断する

スタートを決定づける４つの条件

　プロジェクトのニーズがあるとしても、それを当社（組織）が手がけるか否かは別問題だ。プロジェクトから期待できる利益や社内の資源配分、今やるべきかなどについて考慮しなければならない。スタート前に実現可能性をさぐる必要があるかもしれない。

　具体的には、次のような項目だ。

① 費用対効果
② 社内の資源
③ 緊急度
④ フィージビリティ・スタディ（実現可能性調査）

　ちなみに、数年前に東京で行われた国際会議の席上、プロジェクトを開始するか否かの判断基準が話題となった際、米国のコーニング社の経営者が、即座に次の３つの基準をあげていた。会社の存在理念と現場のプロジェクトを結ぶ、卓見といってよい（50ページのColumn参照）。

① 市場はあるか
② 当社は勝てるか
③ 意味はあるか（当社の理念に合っているか）

3 プロジェクト・マネジャーを
任命する

◆４つの資質を備えた人を責任者に

プロジェクトのニーズが明らかになり、当社（組織）が手がけるのが妥当だと判断したら、上層部の１人が「スポンサー」となって、プロジェクト・マネジャーを任命する。プロジェクトの計画・実行の責任を引き受ける人だ。

プロジェクト・マネジャーに求められる資質にはいろいろあるが、次のポイントはしっかり見極めたい。

① **技術的スキル**：プロジェクトの中身についてのある程度の理解は不可欠である。
② **人間関係スキル**：プロジェクト・マネジャーの時間の大半は、別の人とのコミュニケーションに割かれる。
③ **経験**：あるにこしたことはない。
④ **挑戦・成長の機会**：経験がない人へのチャレンジの場とすることもある。

参考までに、JAXA（宇宙航空研究開発機構）では、宇宙飛行士に求められる資質として、健康な肉体や技術的能力に加えて、次の8つの能力をあげている（長谷川義幸氏・元国際宇宙ステーションプログラムマネジャーより）。

①リーダーシップとフォロワーシップ、②チームワーク、③異文化対応、④コミュニケーション、⑤意思決定・問題解決、⑥状況認識、⑦自己管理、⑧危機管理。

4 プロジェクト憲章を発行する

◆ プロジェクトの発足を文書で通知する

　プロジェクト・スポンサーは、当社（組織）でプロジェクトを手がけると決め、プロジェクト・マネジャーを任命したら、それを示す文書を発行して関係者に通知する。「プロジェクト憲章」と呼ばれる文書だ。プロジェクト憲章には、次の3つの役割がある。

① プロジェクト目標を要約し、プロジェクトの発足を宣言する。
② プロジェクト・マネジャーを任命し、関係者に知らしめる。
③ プロジェクトの計画策定に着手することを承認し、プロジェクト・マネジャーに計画策定の権限を与える。

　プロジェクト憲章の例を46ページにあげておこう。47ページは埋め込み型の書式だ。プロジェクト憲章になじみがない向きは、空欄を埋めることでプロジェクト憲章を作ることができる。

賢者のアドバイス

「プロジェクトマネジメントは"科学"である」

石倉 政幸 氏（PMコンサルタント）

図表1-1　プロジェクト憲章

発行日：20XX年〇〇月△△日

宛先：ABC事業部各位

発信者：山本事業部長（プロジェクト・スポンサー）

件名：「XYZプロジェクト」プロジェクト憲章

弊社商品の競争力強化をめざし、新商品XYZ（仮名）の開発プロジェクトを立ち上げます。〇〇〇〇さんをプロジェクト・マネジャーに任命します。概要は、以下のとおりです。

記

期限：20XX年秋の凸凹ショー（幕張メッセ）にサンプル展示する
予算：YYY百万円以内

役割・責任
〇〇〇〇さんの役割・責任は次のとおりです。
1．
2．
3．

権限
プロジェクト目標達成のため、〇〇〇〇さんに次の権限を委譲します。
1．
2．
3．

以上

図表1-2　プロジェクト憲章（ワーク・シート）

プロジェクト名： 発行日：20××年○○月△△日	
プロジェクト・スポンサー：	プロジェクト・マネジャー：

おもなプロジェクト・ステークホルダーと役割・責任：

氏　　名	役割・責任
•	
•	
•	
•	
•	
•	

プロジェクト目標：

成果物：

期限：	予算：

前提条件：

他の留意事項：

ここに、このプロジェクトを発足させ、計画策定に着手することを承認します。
プロジェクト・スポンサー（署名）　　　　プロジェクト・マネジャー（署名）

出典：C.R.クック『実務で役立つプロジェクトマネジメント』（中西全二訳、翔泳社）

宴会幹事のすすめ

　プロジェクト・マネジャーの時間の大半（PMIによると80%）は
ステークホルダーとのコミュニケーションに割かれる。

　そしてプロジェクトに関わる人の影響力や関心度、プロジェクトに
対する姿勢は千差万別だ。プロジェクトに強い関心を示し、積極的な
サポートを惜しまない人もいるが、無関心な人もいれば、抵抗勢力も
いるかもしれない。

　そんな中で、プロジェクト・マネジャーは彼らと相談をしたり、合
意を取りつけたり、反発をさばいたりしながら、プロジェクトを成功
に導く。

　そのために、ステークホルダー間の異なる期待（さらに、勝手な言い
分や思いつき）を束ね、場合と状況に応じて、充分に満足させたり、ほ
どほどに満足させたり、おつきあい程度に認知したり、「ノー」と言った
り、丁重に無視 (benign neglect) したり……などの対応が必要になる。

　技術的色彩が強いプロジェクトではエンジニアがプロジェクト・マ
ネジャーに指名されるのが普通だが、エンジニアにはステークホルダ
ーとのやり取りや人間関係が不得手だとか、慣れていないという人も
いる。人間関係が不得意だから、学校では技術系に進み、エンジニア
になったという人もいる。そういう人が、技術的実績をあげると、プ
ロジェクト・マネジャーに指名されたりする。

　そこで、必要なのが、ステークホルダーとのコミュニケーション力で
あり、ステークホルダー間の異なる期待や勝手な言い分が渦巻く、いわ
ば「魑魅魍魎」の世界に身を置き、課題をさばいて、成果をあげる力だ。

　しかし、ステークホルダーも生身の人間であるから、こちらから進んで心を開き、話し合いや調整に臨めば、大半の課題はさばきやすくなる。その力を養うために、プロジェクト・マネジャーを志す人には、宴会幹事を引き受けることをすすめたい。新年会や忘年会、歓送別会、暑気払い……などの宴会の幹事として、企画を立て、キーパーソンの同意を取りつけ、企画を実施に移し、参加者全員に喜んでもらう……という役回りだ。

　実際にやってみると、ステークホルダーは誰もが、企画の段階で思い思いのことを言い、実行の段階で勝手に振る舞い、終了後も、「楽しかった」、「料理が今ひとつ」……などと、勝手な感想を寄せてくる。一見するとカオスともいえるこの状況を引き受け、それなりにスムーズに進め、一定の秩序を保ちつつ、参加者に喜んでもらうのは、幹事の腕の見せ所である。

　プロジェクト・マネジャーを引き受ける人が、非公式な宴会幹事の立場で、ステークホルダー間の異なる期待や勝手な言い分をさばく場面に身を置いておくと、その経験がプロジェクト現場で生きてくる。

　宴会幹事として人間集団のダイナミックスをさばくことを何度か経験すると、ステークホルダーも生身の人間であり、宴会の成功を心から願っており、こちらの働きかけにも応えてくれる存在であることを知るだろう。

　その経験は、プロジェクト・マネジャーとしてステークホルダーに接するのにも大いに役立つ。その意味で、「プロジェクトはアルコール抜きの宴会」ともいえるかもしれない。

プロジェクトと仕事の選択

　就職活動中の大学生から仕事選びのアドバイスを求められることがある。その際は、プロジェクトマネジメントの知見にもとづいて答える。

　プロジェクトが必要になる背景は42ページで見た。先述したように、米国のガラス産業のリーダーであるコーニング社では、プロジェクトに着手する判断をさらに絞り込んでいる。「市場はあるか？　当社は勝てるか？　意味はあるか？」の3つだ。これを仕事の選択に当てはめよう。

1. 市場はあるか？

　その昔、わが国では洗濯をするのに洗濯板を使っていたが、今では洗濯機を使う。自分が洗濯板に強い愛着を持つとしても、それはビジネスとしては成り立たない。就職活動では、将来の市場成長を読む目を持ちたい。

2. 当社は勝てるか？

　ビジネスは競争で成り立つ。競争に勝たなければ生き残れない。その意味で、職業選択も自分の強みを生かせるものにしたい。「得意で好き」なことを仕事にしよう。得意なことで力を発揮すれば、会社や社会に貢献できるし、好きなことに集中すれば、いくらやっても疲れず、創意工夫の伸びしろがある。

3. 意味はあるか？

　仕事は人生の一番いい時間を割いて行うものだ。学校を卒業し、就職してから退職まで、40年を超える。しかも毎日、朝から夕方までの、生産性の高い時間帯をついやす。だからこそ、意味があり、やり甲斐を感じられることが重要だ。

プロジェクト憲章とプロジェクト目標

　詩人・茨木のり子は宇宙から撮られた地球の写真を見て述懐している（「水の星」）。

　「水一滴もこぼさずに廻る地球を外からパチリと写した一枚の写真…こういうところに棲んでいましたか」

　1962年9月、米国ケネディ大統領がスピーチの中で、「今後10年の間に人類を月に送り、無事に帰還させる」と宣言したが、そこでは計画の詳細は示されず、それに使う大型ロケットは「新たな合金金属──そのいくつかはまだ発明されていない──」で構成されるとしていた。

　そして、当初案はロケットに、

　・安全を重視して窓は付けない

　・軽量化のためにカメラも搭載しない

　というものであった。

　これに対し、乗組員である宇宙飛行士たちが「それなら乗らない」と異を唱えた結果、この写真が私たちにもたらされることとなった。

　本書に即して整理すると、ケネディ大統領のスピーチはプロジェクトのビジョンを示す「プロジェクト憲章」であり、それが「プロジェクト目標」によって肉付けされたことになる。

2

背景を確認し、プロジェクト目標を設定する

　計画段階の最初に、プロジェクト目標を詳細に設定し、プロジェクトのスコープに何を含み、何を含まないかをはっきりと決める。

　これは、今後のすべての決定の基礎となるものであり、プロジェクト・スポンサーとの間で、合意をしておく。

1 プロジェクト目標を設定するには？

　プロジェクト目標を設定するには、ステークホルダーのニーズを把握し、それに見合う成果物を決める。そして、プロジェクトの3つの要素の優先順位を決める。その具体的な方法をみてみよう。

プロジェクト・チームのキックオフをする

　プロジェクト憲章が発行され、プロジェクトの発足が伝えられたら、そこで指名されたプロジェクト・マネジャーはプロジェクト・チームを作り、メンバーを集めて、初顔合わせをする。それには小さなパーティーを行って、チームワークの醸成を図るのもよい。過去の類似プロジェクトの経験者に参加してもらって、その人たちの成功・失敗について語ってもらうのもよい。

　異文化のメンバーがいる場合は、文化的な配慮も必要となる。

ステークホルダーのニーズを検討する

　プロジェクト・チームは、まず、このプロジェクトを実施する背景と理由は何かを理解する。プロジェクト目標はすでにスポンサーが発行した「プロジェクト憲章」に要約されている。プロジェクト・マネジャーはそれを受け取った（委任された）立場なので、その内容をプロジェクト・チームで詳細に検討する。ここで有効なのが、プロジェクト・スポンサーに参加してもらい、プロジェクト立ち上げに至った背景を説明してもらうことだ。遠慮せず、根掘り葉掘り訊くことで、計画策定に必要な情報をしっかり聞き出そう。これをすることで、とかくありがちな「ボタンの掛け違い」を予防できる。場合によっては、

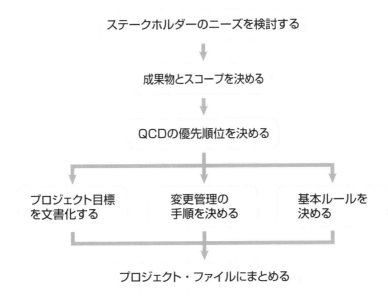

図表2-1　プロジェクト目標を設定する方法

ステークホルダーのニーズを検討する

成果物とスコープを決める

QCDの優先順位を決める

プロジェクト目標
を文書化する

変更管理の
手順を決める

基本ルールを
決める

プロジェクト・ファイルにまとめる

スポンサーの勝手な思い込みや勘違いを修正できることもある。その結果、部分的に取りやめたり新たに追加したりするほうがよければ、それをスポンサーに進言して、合意を取りつける。

成果物とスコープを決める

このプロジェクトが生み出す成果物は何かを決める。具体的には、

①プロジェクト終了時にできあがるべき製品や商品

②プロジェクト終了時に実現しておくべき状態

③プロジェクト終了時、別のプロジェクトや定義業務のスタート

などだ。それには、成果物とあわせて、完了・成功の判断基準、スペック（仕様）、依頼者や最終ユーザーへの利益、プロジェクト実施にあたっての絶対条件と相対条件、品質の基準などを盛り込む。

QCDの優先順位を決める

ここでプロジェクトの３つの要素——品質（Quality）、資源（Cost）、時間（Delivery）——の優先順位を見極める。

①最優先するもの：必達目標

プロジェクト・スポンサーが最優先するもので、通常、変更はできない。

②２番目に優先するもの：努力目標

プロジェクト・スポンサーが２番目に優先するもので、できるだけ近づける努力をする。

③容認するもの

プロジェクト・スポンサーがあまり重要視しないもので、予想以上の変更を受け入れることもある。

QCDの優先順位は、あえて意識的にでも決めることが大切だ。プロジェクト・スポンサーが３つの要素を漫然と同一視していることも少なくないからだ。

そういうプロジェクトでは、おかしなことが起こりがちである。プロジェクト・マネジャーやチーム・メンバーがQCDの優先順位の大切さについて（たとえば本書で）学び、プロジェクト・スポンサーに「このプロジェクトのQCDの優先順位は？」と尋ねたとしよう。プロジェクトマネジメントを理解していないスポンサーが「QCDのどれも最優先だ」と答える。この瞬間に、プロジェクトがうまくいかないことは目に見えている。現実に根ざしていないからだ。

図表２-３で、あるプロジェクトの３つの要素の優先順位を示した。このプロジェクトのスポンサーは、時間内のプロジェクト完了を最優先しており、期限を守ることが最重要である。そして、品質・スコープはできるだけ目標に近づける努力をする。そのために、資源（コスト）については、計画をある程度オーバーしても受け入れようという立場である。

図表2-2　プロジェクトマネジメントの3つの要素

図表2-3　3つの要素の優先順位（例）

	Q (品質)	C (資源)	D (時間)
最優先			1
2番目に優先	2		
容認		3	

「プロジェクト目標」を文書化する

　ステークホルダーのニーズを検討し、成果物を決め、3つの要素の優先順位を決めたら、今度は、「プロジェクト目標」を文章化する。これには簡潔に次のポイントを盛り込み、日本語300字（英語では100語）程度を目安とする。

- **誰が**プロジェクトの実施を望むのか。
- **何を**成果物として望むのか。
- **なぜ**プロジェクトの実施を望むのか。依頼者はどんな課題を解決したいのか。
- **いつまでに**プロジェクトを終了したらよいのか。
- **いくらの**予算が与えられるのか。

　「プロジェクト目標」を文書化することは、プロジェクトのスポンサーや、プロジェクト・マネジャー、チーム・メンバー、その他のステークホルダーとの間で、プロジェクトに共通のビジョンを確立する

ことになる。

- ● 育成目標

　学習を重視する組織では、プロジェクト目標の中に参加メンバーの能力育成の目標を具体的に掲げている。プロジェクトの実施によって成果物を得るとともに、参加メンバーの成長を意識的にめざそうとの姿勢であり、どのプロジェクトにも強く推奨されるものだ。

変更管理の手順を決める

　プロジェクト目標を一度決めても、それは「生き物」であり、プロジェクトが終了するまで変更・改訂を続ける。それには、あらかじめ変更管理の手順を決めておかなければならない。プロジェクト目標に変更がある場合、どのような手順で検討・評価し、採用の可否を決定するかである。本書ではステップ9で詳述する。

プロジェクトの基本ルールを決める

　次に、プロジェクト実施にあたっての基本ルールを決める。すなわち、プロジェクト・チームはどんなメンバーで構成され、全体をまとめるプロジェクト・マネジャーは誰が引き受けるのか。それぞれのメンバーの役割、責任、権限はどうか。チーム・メンバー間および外部の関係者への報告の頻度や方法はどうするのか、計画立案には誰が参画し、どんな方法で決めるのか、などである。

「プロジェクト・ファイル」にまとめる

　最後にこれまで述べた各ポイントを文書にまとめ、「プロジェクト・ファイル」に集約する。プロジェクト・ファイルに盛り込むべきポイントを次ページに列挙しよう。

●プロジェクト憲章
　▬ビジネス・ニーズとプロジェクトの妥当性
　▬プロジェクト目標の要約
　▬プロジェクト・マネジャーの任命

●プロジェクト目標
　▬ステークホルダーのニーズ
　▬成果物
　　　スペック
　　　絶対条件・相対条件
　　　除外項目
　▬完了・成功の判断基準
　▬QCD の優先順位

●プロジェクトの基本ルール
　▬プロジェクト・チームの構成
　▬各人の役割・責任・権限
　▬コミュニケーションのとり方
　▬計画策定と承認
　▬会議の開き方
　▬変更管理のやり方
　▬振り返りのもち方

●前提条件
　▬プロジェクト実施にあたり、ほぼ確実に決まっていること
　▬プロジェクト実施を引き受ける上で、満たされるべきこと

●過去のプロジェクトからの教訓
　▬うまくいったこと、さらによくするには
　▬うまくいかなかったこと、改善策

2 「プロジェクト目標」の例

　ここで、プロジェクト目標を文書にまとめた例をいくつかみてみよう。最初に、明らかに良くない例を取りあげ、次に、良い例として事例「令和企画・オフィス移転プロジェクト」を紹介する。

改善点は？

　次の３つの「プロジェクト目標」につき、改善点を指摘しなさい。

① 「このプロジェクト目標は、人にやさしいインターフェース・システムを構築することである」

② 「製品Aに組み込むリチウムイオン電池は、既存製品と比較して、安全面でも、品質面でもより高性能であることが求められる」

③ 「当社の販売力強化のため、来年３月末までに、戦略拠点に支社を設置する」

〔 ☞ 解答のポイントは62ページを参照 〕

賢者のアドバイス

「100％の人が満足するシステムをめざすと、10％の満足しか与えられない。10％の人が100％満足するシステムを作ることが重要である」

山戸 昭三 氏 （PMコンサルタント）

事例 **令和企画**

　ここに紹介するのは、令和企画株式会社の「プロジェクト目標」の例で、同社が新たに入居するオフィスビルに必要な工事をしようというものだ。日本語で300語程度でまとめられており、育成目標も掲げられている。

　本書の各ステップを通じ、この事例を取りあげて検討することにしよう。

　このプロジェクト目標は、当社（令和企画）が新規に賃貸借契約を結んだオフィスビルに、内装、外装、電気、社内無線LANネットワーク（インターネット回線を含む）などの必要な工事をし、オフィスとして使用できるようにすることである。

　現在の社員80人に、来春入社予定の20人を加え、合計100人の作業スペースを確保する。さらに、商品倉庫や荷物・郵便物の集配室、会議室、休憩スペースも置くこと。

　プロジェクトの依頼者は当社総務部長。総予算は2,300万円。新年度の4月1日からの稼働をめざし、プロジェクトの終了期限は3月20日とする。

　なお、育成目標として、プロジェクト参加者がオフィス運営に必要な事柄とプロジェクト実施の基本を理解することをめざす。

解答のポイント

① 「このプロジェクトの目標は、人にやさしいインターフェース・
   システムを構築することである」

   （！）ポイント 「人にやさしい」とは？

   　　　－「人にやさしい」の解釈は人により異なる。

   　　　－誰にでもわかる具体的な定義が必要となる。

   　　　－「操作回数が少ない」「誰にでもわかりやすい

   　　　　（例：ユニバーサルデザイン）」など。

② 「製品Aに組み込むリチウムイオン電池は、既存製品と比較して、
   安全面でも、品質面でもより高性能であることが求められる」

   （！）ポイント 「より高性能」とは？

   　　　－「高性能」の定義を分解して、より具体的に。

   　　　－「安定性」「電圧が高い」「寿命が長い」など。

   　　　－できれば、目標を数値化する。

③ 「当社の販売力強化のため、来年3月末までに、戦略拠点に支社
   を設置する」

   （！）ポイント 「戦略拠点」とは？

   　　　－「戦略拠点」はどこか？　何ヵ所あるのか？

   　　　－その状況により、プロジェクトで行う作業が異なる。

   　　　－来年3月末の成果物の状況を具体的に！

エンプロイヤビリティということ

経営者が社員に向かって口が裂けても言えないことがある。「当社に10年勤務したら、10年後のあなたの雇用を保証します」というメッセージだ。終身雇用が広くいきわたっていた時代ならこれを言えたかもしれないが、今日のビジネス環境では言うことは難しいだろう。ビジネス環境が急速に大きく変わるからだ。たとえば、大手電機メーカーの半導体部門や医療機器部門が事業ごと売却されたとする。当事者になった人は —— 好むと好まざるとにかかわらず —— 新たな環境で、新たな状況に対応し、継続して貢献できるか否かが問われる。そこでは、それまでに当人がいかに知識や経験を伸ばし、蓄えてきたかがカギである。自分の雇用を自ら確保する力、これが「エンプロイヤビリティ」（Empoy+ability）だ。

反対に、会社の経営者が社員に伝えるべきなのは、「当社に10年勤務したら、それに見合う知識と経験を身につける機会を提供します」というメッセージだ。その機会をいかに活用するかはあなたの責任ということだ。

自分の所属する部門で大きな変化があったなら、新たな環境に適応して、勤務を続けるのもよい。他社に転職するのも、自ら起業するのもよい。いずれにしろ、自分の雇用を自ら確保する力（エンプロイヤビリティ）が試されることになる。その力を養うのに、プロジェクトは最善の機会を提供してくれる。

プロジェクト目標に「成果物の目標」とともに、意図的に「育成目標」を銘記し、各人の成長に役立てよう。

3 [演習]
プロジェクト目標を設定する

　ここからのステップを見ていくにあたり、あなた自身のプロジェクトを念頭において、それを各ステップにあてはめて考えるとより理解しやすい。そこで、あなたのプロジェクト目標を明確にし、それを文書で書きなさい。

　あなたが現在かかえているプロジェクトを取りあげるとよい。それがない場合は、下にあげる例から関係の強いものを選び、適宜、肉づけするのもよい。

　なお、次のステップ以降でも同じプロジェクトで演習問題を解答してもらうので、5〜6人のプロジェクト・チームで取り組み、ほぼ1年（52週）かかるものとすること。

- ビジネス・ショーに出展する
- 自宅の土地を探し、家を新築する
- 新製品を開発する
- 全社イベントを開催する
- ハワイに研修センターを建てる

目標の明確化はスマートに

　目標を明確にし、それを文書にまとめるにはスマート（SMART）が原則。すなわち、

- S（Specific）：具体的に
- M（Measurable）：測定可能に（できれば数値化を）
- A（Aggressive）：意欲的な、高いレベル
- R（Realistic）：現実的で達成可能
- T（Time-Limited）：期限が明確

正しいのはどれ？

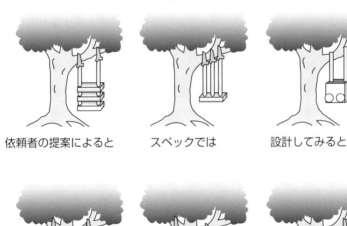

依頼者の提案によると　　　スペックでは　　　設計してみると

できあがってみると　　　実際に設置されたのは　　依頼者が本当にほしかったのは

「タコつぼ」に入り込む

プロジェクトの開始後、参加メンバーは自分の担当する作業に注力する。この時よくある問題が、プロジェクトの期限だけがわかっていて、全体像が不明確のまま、それぞれが思い思いの作業に取り組むことだ。個々の作業には時間も工夫も要し、それなりにがんばりを必要とする（チャレンジング）。

この段階で参加メンバーが目標を共有化していないと、1人ひとりがちょうど「タコつぼ」の中に入り込んだような状態になる。つまり、自分の担当する作業がプロジェクト全体の中でどんな位置にあり、与えられた期限にどんな意味があるのかがわからずにやみくもにがんばる……といった状態だ。

これでは、プロのビジネスパーソンとしては、やる気やキャリア・パスにもプラスとはいえない。

QCD の優先順位をどう決めるか？

プロジェクトにはQ（品質）、C（コスト）、D（時間）の３つの要素があり、そこに優先順位を決める。つまり最優先するもの、２番目に優先するもの、そしてある程度は容認するもの……という具合だ。

しかし、このことを理解していないと、「すべて１番」などという優先順位が独り歩きすることになりかねない。

	Q（品質）	C（コスト）	D（時間）
最優先	1	1	1
2番目に優先			
容 認			

優先順位を決める際の考えるプロセスを整理しよう。左の表は「すべて１番」というものだ。これでは、プロジェクトの成功は望むべくもない。

一例として、プロジェクトの優先順位としてD（時間）を最優先にすると決めたとしよう。それは、表の該当箇所に「1」と書き込むことだ。そして、それは同じ表の×の箇所を選択から排除することにほかならない。

	Q（品質）	C（コスト）	D（時間）
最優先	×	×	1
2番目に優先			×
容 認			×

	Q（品質）	C（コスト）	D（時間）
最優先	×	×	1
2番目に優先	2	×	×
容 認	×		×

そして、残っている箇所のうち２番目に優先であるQ（品質）の箇所に「2」を書き込む。それは表の×の箇所を選択から排除したことに等しい。

	Q（品質）	C（コスト）	D（時間）
最優先	×	×	1
2番目に優先	2	×	×
容 認	×	3	×

すると、最後に残るC（コスト）が３番目に優先するものであり、「3」となる。

ワーク・パッケージを
洗い出す

　プロジェクト目標を設定したら、それをもとに、詳細な計画を作る。計画策定は、まずプロジェクトを小さな作業に分解することから始める。

　プロジェクトのスコープが大きく、規模が複雑であるほど、作業を細かく分解し、1つひとつの作業を取り組みやすい大きさにする。

　ここでは、プロジェクトを分解する技法としてWBSを使う。それにより洗い出される最下位レベルの作業をワーク・パッケージと呼ぶ。

1 WBS

◈ WBSとは？

ワーク・パッケージの洗い出しにはWBSという技法を使う。WBS（Work Breakdown Structure；作業分解図）とは、プロジェクトを完了するために必要なすべての作業を、階層的な系統図で表したものである（**図表3-1**）。WBSは、個々の作業工数を見積もり、具体的な計画を立て、実行していくための基礎となる。

WBSにあげた1つひとつの作業がすべて完了すれば、プロジェクトが完了する。また、WBSに洗い出していない作業はプロジェクトに含まない。

図表3-1　WBS

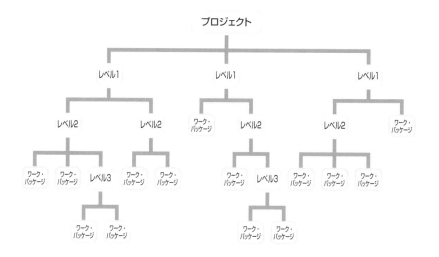

WBSを作る

WBSはプロジェクト・チームのメンバーが集まって作るのがよい。

まず、プロジェクトを大きな単位で分解し、これをレベル1の作業と呼ぶ。レベル1の作業を決めるには、いろいろな切り口がある。

たとえば、パーソナル・コンピュータを開発するというプロジェクトでは、その「構造」を切り口として、本体CPU、キーボード、ターミナルの3つに分けることが考えられる。新製品の市場投入というプロジェクトでは、「テリトリー」を切り口に、関東地区、関西地区、東海地区などと地域で分けるのが有効かもしれない。その他、「成果物」「組織単位」「経費項目」「作業時期」など、プロジェクトによって適切な切り口を決める。

令和企画の事例でのレベル1の作業を**図表3-2**に示す。

次に、レベル1のそれぞれの作業をさらに分解して、レベル2の作業群を作る。これをさらに細分解を続け、これ以上は分解できないというところまで進める。こうして得た最下位のレベルの作業を「ワーク・パッケージ」と呼ぶ。ワーク・パッケージ1つひとつが十分に小さな単位となっており、所要期間の見積りや実行ができる大きさになっている。

作業をどこまで分解するか？

作業を分解する際、作業群によって分解のレベルにばらつきがあるのが普通であり、分解のレベルを統一する必要はない。あるところは細かく、あるところは大雑把でよい。

また、経験の少ない作業や複雑な作業は細かく分解する必要があるが、すでに何度か類似の作業を行っているものや、外注に出すものは、あまり細かく分解しなくてもよい。

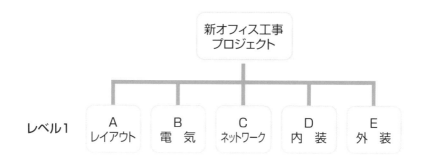

図表3-2　WBS：レベル1（令和企画）

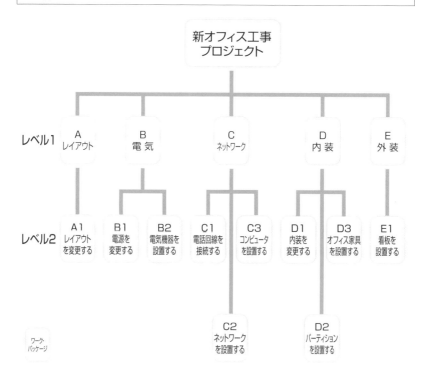

図表3-3　WBS：ツリー型（令和企画）

作業の分解は、1つひとつの作業工数が見積りできるレベルまで行う。分解後の作業の大きさ（粒度）について、ガイドラインとして1つの作業の工数が40時間程度になるのを目安とする考え方がある。1日8時間で5日間の作業をすると、ちょうど40時間になる（8時間×5日）ことから、このガイドラインを「40時間の原則」とか「1週間の原則」という。

　また、最下位の作業であるワーク・パッケージは「○○を××する」と表すとよい。このときの「○○」は成果物にあたり、「××する」は作業が完了したかどうかの判断基準となる。（参考：これを英語で説明するときは「他動詞＋目的語」と言っている。）

　個々の作業には、責任者1人を決める。グループ志向の強い日本の組織では、躊躇する向きもあるかもしれないが、責任ある個人がまずあって、そういう個人が集まってチームができる、という考え方から、あくまで責任者は1人とする。

　また、作業の分解は所要期間や作業の間の依存関係は無視して行う。

　こうして洗い出したワーク・パッケージのすべてを完了すれば、プロジェクトが完了することになる。この際に、ヌケ・モレやダブリがあってはいけない。ダブリがなく、すべて網羅するという意味でMECEの原則（Mutually Exclusive, Collectly Exhaustive）という言葉があるが、まさにそれである。

　令和企画の事例のWBSをツリー型にまとめたものを左図（図表3 - 3）に示す。

2 WBSのまとめ

WBSを作ったら、作業を表にまとめる。この際、それぞれの作業に識別コードをつけ、作業内容（○○を××する）と責任者を書き込む。令和企画の事例をWBSをリスト型にまとめたものを**図表3-4**に示す。

このリストは、ここからの計画策定の基礎となる、重要なものだ。

図表3-4　WBS：リスト型

識別コード	作業内容（○○を××する）	責任者
A1	レイアウトを変更する	下川　明
B1	電源を変更する	鈴木　進
B2	電気機器を設置する	山本　正一
C1	電話回線を接続する	鈴木　進
C2	ネットワークを設置する	山本　正一
C3	コンピュータを設置する	福岡　恵子
D1	内装を変更する	大田　由紀
D2	パーティションを設置する	山本　正一
D3	オフィス家具を設置する	福岡　恵子
E1	看板を設置する	上田　翔

3 作業記述書

WBSを表にまとめたら、個々の作業につき「作業記述書」を作る。『PMBOK® ガイド』では「WBS辞書」と呼ばれるものであり、作業の説明とともに、成果物、完了・成功の判断基準、および作業を実行する上での前提となる条件を詳細に書き込む。

一例として、令和企画の事例のうちD2「パーティションを設置する」の作業記述書を**図表3-5**に示す。

図表3-5　作業記述書：令和企画

プロジェクト名：	新オフィス工事
プロジェクト・マネジャー：	鈴木　進
作成日：	20XX年12月5日

識別コード：	D2
作業内容：	パーティションを設置する
責任者：	山本　正一

作業の説明：
　新オフィスに入居する合計100人分の事務スペースを確保し、安全・清潔で効率的な作業環境を作る。
　各個人のオフィスはローパーティション（120cm）で囲み、それぞれ1人1室とする。
　会議室（3室）、休憩室（1室）、および倉庫は、床から天井までのハイパーティションで仕切り、それぞれドアをつけること。ドアにはガラスを入れ、中の様子が外から見えるようにする。

作業の成果物：
　設計図のとおりに設置されたローパーティション、およびハイパーティション。

完了・成功の判断基準：
　各個人のオフィス、会議室、休憩室および倉庫に設置済みのパーティションを総務部長に見てもらい、承認を得ること。

前提条件：
　各個人のオフィス・スペースについては、社員の希望をとり入れながら行うこと。そのために、グランドデザインを社員に説明する機会、個人の希望を聴き取る機会をもつこと。説明と聴き取りはこの作業（D2）に着手する1週間前に行う。

4 [演習]
ワーク・パッケージを洗い出す

　ここで、ステップ2の演習「プロジェクト目標を設定する」（64ペ
ージ）であなたが文書化したプロジェクトに、ステップ2をあてはめ
て検討してみよう。

▶ 進め方

①プロジェクトを大きく分解し、レベル1の作業を4個から6個決め
　る。

②レベル1の作業をさらに分解し、それぞれにつき3個から5個、レ
　ベル2の作業を決める。

　　こうして、レベル2の作業が12個から30個できる。これをワー
　ク・パッケージと見なして、これからのあなたのプロジェクトの演
　習を通じて使うことにしよう。レベル2の作業は「○○を××す
　る」と表す。

③レベル2の作業を表にまとめる。このとき、それぞれの作業に識別
　コードをつけ、作業内容（○○を××する）、責任者および成果物
　を書き込む。

④個々の作業の詳細を「作業記述書」にまとめる。ここでは、ワー
　ク・パッケージのどれか1つを取りあげ、「作業記述書」のワーク
　シートに記入すること。

進め方①〜②

STEP
3

ワーク・パッケージを洗い出す

識別コード	作業内容（○○を××する）	責 任 者
プロジェクト名： プロジェクト・マネジャー： 作成日：		

図表3-7　進め方④　作業記述書

プロジェクト名：
プロジェクト・マネジャー：
作成日：

識別コード：
作業内容：
担当者：

作業の説明：

作業の成果物：

完了・成功の判断基準：

前提条件：

WBS がすべての基礎

　プロジェクトの計画立案のすべての基礎になるのがWBSである。『PMBOK®ガイド』ではWBSを重視し、「実行する作業を成果物を中心に階層的に要素分解したもの」と定義している。

　計画段階での作業のネットワーク図の作成、クリティカル・パスの特定、スケジュールの作成負荷の調整（山積み・山崩し）、予算の作業、リスク分析などはすべてWBS、とりわけワーク・パッケージに基づいて行う。

　プロジェクトの計画を城づくりにたとえれば、石垣の部分にあたるのがWBSだ。「砂上の楼閣」にならないよう、作業をしっかり分解しよう。

エレファント・テクニック

　大きな目標を達成するには、それを細かく分解して、1つひとつを達成していけばよい。この方式は、象を食べるという例になぞらえて（私はまだ象を食べたことはないが）、「エレファント・テクニック」という。人間がどんなに大きく口を開けても、象を一口で呑み込むことはできない。しかし、人間の口に入る大きさにまで象を分解し、1つひとつをいただけばずっと与(くみ)しやすい。WBSはエレファント・テクニックをプロジェクト・マネジメントに適用したものとも考えられる。

役割を分担し、
所要期間を見積もる

　ステップ3でワーク・パッケージを洗い出し、何をするかを明らかにした。

　ステップ4では、そうした個々の作業を誰が行うかを決め、それぞれにどれだけの時間がかかるかを見積もる。

1 役割を分担する

◆役割分担の進め方

　プロジェクトを成功させるには、ステップ3で洗い出したワーク・パッケージのすべてを期待どおりの品質で、予算内に、期限内に終了することが肝心である。

　そのために、ステップ4では、個々のワーク・パッケージにどんなスキル・経験が必要かを検討し、そういうスキル・経験を身につけているのは誰なのかをみる。そして、スキル・経験を考慮しながら、プロジェクトへの参加メンバーを選び、選んだメンバーと相談して、引き受ける役割と責任を決める。参加を確実なものとするためには、各メンバーとその所属部門から参加の同意を取りつける。さらに、役割と責任を「責任分担表」(RAM：Responsibility Assignment Matrix)にまとめる。

　ワーク・パッケージの役割・責任を記述するには下のように、ツリー型の組織図、責任分担表(RAM)、テキスト書式の3つが考えられる。本書では、プロジェクト全体との関連や今後のステップに拡張できる点から、責任分担表(RAM)を使うことをおすすめする。

図表4-1

| 階層型の組織図 | 責任分担表（RAM） | テキスト型の書式 |

出典：『PMBOK®ガイド』

「責任分担表」に役割と責任を示すには、それぞれの作業の該当箇所に、責任者にはP（Prime）、支援者にはS（Support）を記入する。

　責任者とは、その作業を完了させる責任を引き受けるメンバーのことで、各作業に1人だけ決める。作業の一部分を引き受け、責任者をサポートするメンバーを「支援者」といい、こちらは各作業に必要なだけの人数を決める。

　1つの作業に責任者を1人とし、いわゆる「連帯責任は無責任」という状態を回避する。また、個々の作業の状況の報告は1人の責任者から得るものとし、異なる部門にまたがる作業についてのコミュニケーションもその人に集中させる。

◆ 役割をあらわす記号

　責任者P、支援者S以外にも、必要に応じ、各人の役割や位置づけを追加して記入してもよい。たとえば、承認をする人をA（Approver）、検討に参加する人をR（Reviewer）、重要な変更点について報告をする相手をN（Notify）、該当作業の専門家をSME（Subject Matter Expert）とする、などである。役割の記号は、凡例を付けてその意味を明らかにする。

◆ 参加の約束の取りつけ

　役割を分担したら、個々のメンバーが引き受けた役割を実行するという約束を取りつける。単なる口約束ではなく、必ず実行するという確約で、これを英語では、単なる口約束（Promise）に対し、コミットメント（Commitment）という。

　この確約は責任者、支援者のすべてから取りつける。この確約のあとに、状況の変化で自分の引き受けた役割を実行することが難しくなった場合、責任者、支援者を問わず、プロジェクト・マネジャーに申し出て、ともに解決をはかる。

2 役割分担の例

　令和企画のプロジェクトにあたり、プロジェクト・チームでは必要なスキルをリスト・アップし、チームのメンバーのスキルとの関係を**図表4‐2**にまとめた。

　この表をもとに、各作業の役割を決め、それから**図表4‐3**のような責任分担表を作った。

図表4-2　スキルのまとめ：令和企画

	建築技師A	建築技師B	ネットワーク技師A	ネットワーク技師B	外装デザイナー	プロジェクト・マネジャー
下川　明	○			○		
鈴木　進			○			○
山本　正一	○		○			
福岡　恵子		○		○		
大田　由紀		○				
上田　翔					○	

図表4-3　責任分担表：令和企画

作業No	作業内容 （○○を××する）	責任者	下川 明	鈴木 進	山本 正一	福岡 恵子	大田 由紀	上田 翔
A1	レイアウトを変更する	下川　明	P		S	S	S	
B1	電源を変更する	鈴木　進		P	S			
B2	電気機器を設置する	山本　正一			P	S		
C1	電話回線を接続する	鈴木　進	S	P				
C2	ネットワークを設置する	山本　正一	S	S	P	S		
C3	コンピュータを設置する	福岡　恵子			S	P		
D1	内装を変更する	大田　由紀			S		P	S
D2	パーティションを設置する	山本　正一	S	S	P		S	S
D3	オフィス家具を設置する	福岡　恵子	S	S		P	S	
E1	看板を設置する	上田　翔			S		S	P

凡例　P：責任者
S：支援者

改善点は？

　電子機器メーカーA社では、新型タブレット端末の開発プロジェクトで、**図表4-4**のような責任分担表を作った。この責任分担表をみて、改善を要する点を指摘しなさい。

図表4-4　責任分担表：A社

	回路設計技師A	回路設計技師B	ソフトウェア技師A	ソフトウェア技師B	ソフトウェア技師C	デザイナーA	デザイナーB
マザーボードを組立る		P					S
CPUを設計する	P						
電源を設計する	S		S		S		S
液晶画面を設計する		S				P	S
キーボードを設計する						S	P
OSを選択する							
ソフトウェアを組込む	S		S	S	P	S	

〔 ☞ 解答のポイントは87ページを参照 〕

解答のポイント

　A社の責任分担表では、次の2つの改善点がある。

① 「電源を設計する」作業に責任者Pがいない。4人が支援者Sとして担当しているが、1つの作業には1人の責任者が必要である。新たに、責任者を1人決めること。

② 「OSを選択する」作業を誰も担当していない。1人の責任者を必ず決めること。

3 所要期間を見積もる

　個々の作業の役割を分担したら、それぞれの作業を完了するのにどれだけの時間がかかるかを見積もる。

作業工数と所要期間

　プロジェクトの各作業に要する時間には2つの種類がある。まず、完了に必要な時間の絶対量「作業工数（effort）」で、「人工」ともいう。たとえば、ある作業を1人で行うと50時間かかるなら、「延べ50時間の作業工数」とか、「50人時間」とあらわす。

　業界によっては、これを発展させ「人日」「人週」「人月」という用語を使うこともある。

　一方、プロジェクトのスケジュールをカレンダーに表し、その作業の開始から終了までにかかる時間を「所要期間（duration）」という。ある作業を1人で行うと50時間かかる場合でも、2人で行うと所要期間は半分の25時間ということもある。

時間見積りの進め方

　作業の時間を見積もるには、まず各作業の内容を「○○を××する」と明確に規定し、成果物と完了・成功の判断基準を明らかにする。

　その上で、過去の類似のプロジェクトの中から、今回のプロジェクトの時間見積りに役立つと思われるものを選んで、その実績データを参考にする。

可変時間作業と固定時間作業

作業はその性質から、可変時間作業と固定時間作業に分けられる。可変時間作業は投入する資源（ヒト・モノ・カネ）の量によって所要期間が変わるもので、要員の数を2倍に増やすと所要期間が半分に短縮される作業がこれにあたる。たとえば、ビルの窓をふく作業や橋にペンキを塗る作業を考えればよい。

固定時間作業は投入する資源（ヒト・モノ・カネ）の量の増減によって所要期間が変わらないもので、要員の数を2倍に増やしても所要時間が短縮されない作業がこれにあたる。たとえば、機械装置を仙台から東京まで運ぶのに、1人の運転手が4トンのトラックで5時間かかるとしよう。このとき、運転手の人数を2人に増やしても、所要期間は短縮されない。

4 時間見積りのモデル

ある作業の作業量と所要期間はどのようにして見積もればいいのか。ここで1つのモデルを使い、それを行ってみよう。

◈ 作業工数の見積り

まず、本プロジェクトの1つの作業につき作業工数を見積もるために、これまでに行った類似プロジェクトの実績データを入手した。すると、担当した要員は1人で、所要時間が40時間かかったことがわかった。そこで、「実績値（過去のプロジェクト）」に40と記入する。この実績値を基準値として使う。この基準値に対して、本プロジェクトに特有の条件を作業工数の増加もしくは削減の変数として、重みづけして織り込む。

たとえば、基準とする類似のプロジェクトより本プロジェクトはスコープが大きく、複雑なものであり10%作業量が増すとしよう。こ

図表4-5　作業見積りモデル

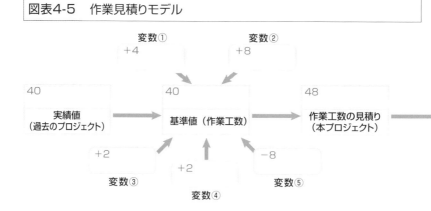

れを変数①に＋4（時間）と記入する。また、この作業を以前はベテランが担当していたが、今回ははじめてのメンバーが担当する場合、ここでも作業工数が20％増すと予想する。これを変数②に＋8（時間）と記入する。また、基準とするプロジェクトが行われたのは景気がよい時期で、メンバーはやる気満々であったが、今回は担当するメンバーのやる気にいまひとつ不安があるという場合、それも作業工数を増加させる要因となる。ここでは、変数③に＋2（時間）と記入することにしよう。担当するメンバーが本プロジェクトの進行と同時に、通常業務でも忙しくなることが予想されれば、それも作業工数を増加させる要因となる。ここでは、変数④に＋2（時間）と記入することにしよう。

　プロジェクトの変数には、作業工数を増加させるものばかりではない。以前のプロジェクトでは使用しなかったプロジェクトマネジメント用ソフトウェアを使えば、プロジェクト作業の効率が飛躍的に伸びるとしよう。これにより作業量が20％減少すると予想できるなら、変数⑤に－8（時間）と記入する。変数①から変数⑤までの合計（純増減）が＋8（時間）であるから、それを基準値40時間に加えると、作業工数の見積りとして48時間が求められる。

図表4-6　所要期間見積りモデル

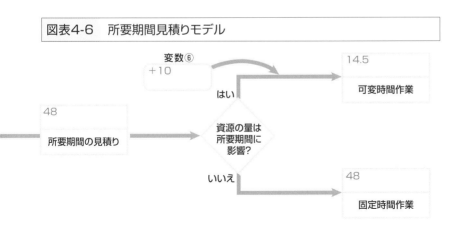

◆ 所要期間の見積り

　次に、作業工数の見積りにもとづいて、所要期間を見積もることに
しよう。作業はその特性から、可変時間作業と固定時間作業に分けら
れる。前述の例で、ある作業の作業工数を48時間と見積もった。こ
の作業が可変時間作業である場合、要員の数を増やせば所要期間は短
縮される。

　類似のプロジェクトでは、該当作業は1人でやっていたとして、本
プロジェクトでこの作業に4人を投入すれば、所要期間は短縮できる。
しかし、ある作業を4人で行う場合には、4人の間での意思の統一、
実施方法のすり合わせ、コミュニケーションの確保、あるいは、あの
2人はソリが合わないなど、1人で行う場合にはなかった新たな課題
が発生する。

　ここでは、こういう要因が所要期間を20%増加させるとしよう（変
数⑥）。48時間からは約10時間の増加となる。こうして得た58時間
分の作業量を4人で取り組むことになるとすると、約14.5時間の所要
期間が求められる。

　この作業が固定時間作業であれば、所要期間はそのまま48時間と
考えてよい。

◆ 所要期間見積りのステップ

　ここで所要期間見積りのステップを要約しよう。

①過去の実績を参照する

　プロジェクトの作業には、過去にやったことのある作業と類似して
いるものがよくある。そこで、その時の実績値（作業工数）を参照し、
「基準値」とする。

②変数を重みづけして織り込む

　参照した実績値の作業と今回の作業とでは、当然、違うところがあ
る。その違いを変数とし、重みづけして織り込む。

たとえば「今回の作業は前回より10％ほど複雑である」「今回の担当者のスキルは前回の担当者より10％ほど高い」…など。

③作業の特性を見極める

こうして得た作業工数を所要時間に読み替える。ここでは、作業の特性に基づく判断が必要となる。

たとえば、「ビルの窓拭きをする」「橋にペンキを塗る」といった作業の場合は、人数を増やせば所要時間を短縮できる（可変時間作業）。しかし、東京・新宿にあるオフィスから銀座まで車で移動するような作業では、運転する人の数をいくら増やしても時間を短縮することはできない（固定時間作業）。

ここに紹介したステップは『PMBOK® ガイド』第5版の類推見積りにあたるものだ。同書では、これ以外に、専門家の判断、係数見積り、三点見積りを取りあげている。

三点見積りとは、PERT（Program Evaluation and Review Techni-que）にもとづき、最頻値（t_M）、楽観値（t_o）、悲観値（t_p）の3つの数値から、次の式により見積値（t_E）を求めるものだ。

$$t_E = \frac{t_o + 4t_M + t_p}{6}$$

5 WBSと所要期間見積り

　令和企画のプロジェクトの個々の作業の期間を見積もり、それを**図表4-7**にまとめた。

図表4-7　WBSと見積所要期間の統合：令和企画

識別コード	作業内容（○○を××する）	責任者	下川明	鈴木進	山本正一	福岡恵子	大田由紀	上田翔	工数合計（週）	所要期間（週）
A1	レイアウトを変更する	下川　明	P 2.5		S 0.5	S 0.5	S 0.5		4.0	4.0
B1	電源を変更する	鈴木　進		P 2.0	S 2.0				4.0	2.0
B2	電気機器を設置する	山本　正一			P 1.0	S 1.0			2.0	1.0
C1	電話回線を接続する	鈴木　進	S 0.5	P 0.5					1.0	1.0
C2	ネットワークを設置する	山本　正一	S 0.3	S 0.5	P 1.0	S 0.2			2.0	2.0
C3	コンピュータを設置する	福岡　恵子			S 0.2	P 0.3			0.5	0.5
D1	内装を変更する	大田　由紀			S 0.5		P 2.0	S 0.5	3.0	3.0
D2	パーティションを設置する	山本　正一	S 1.5	S 1.0	P 2.5		S 1.0	S 1.5	7.5	2.5
D3	オフィス家具を設置する	福岡　恵子	S 1.0	S 0.5		P 2.0	S 0.5		4.0	2.0
E1	看板を設置する	上田　翔			S 0.1		S 0.1	P 0.3	0.5	0.5

凡例　P：責任者
　　　S：支援者

作業工数

6

［演習］
役割を分担し、所要期間を見積もる

ここで、あなたのプロジェクトにステップ4をあてはめ、役割を分担し、所要期間を見積もってみよう。

▶ 進め方

① 責任分担表にチーム・メンバーの名前を記入する。

② 各作業に責任者（P）と支援者（S）を書き込む。

③ 所要期間を見積もる。

　a 個人作業工数：各メンバーが担当の作業に割く時間を週単位で決める。

　b 合計作業工数：個人作業工数を合計して、工数合計の欄に記入する。

　c 各作業の所要期間を見積もり、所要期間の欄に記入する。

　　● 所要期間は、個人作業量の最大のものを下回らないこと

　　● 週単位とすること

図表4-8　責任分担表・見積所要期間

識別コード	作業内容 （○○を××する）	責任者								工数合計 （週）	所要期間 （週）

凡例　P：責任者
　　　S：支援者

作業工数

所要期間のいろいろ

作業工数と所要期間の関係を整理しよう。仮に作業工数が同じであったとしても、所要期間は状況や進め方で異なる。

今、1つの作業を鈴木さん（支援者S）、豊田さん（責任者P）、林さん（支援者S）の3人が分担してすることになった。それぞれが自分の担当部分に見積もった工数は、鈴木さんが10日、豊田さんが5日、林さんが1日で、工数の合計は16日である。

これを、鈴木さん、豊田さん、林さんが順番に（直列に）行うと、当然、16日の所要期間がかかる。

鈴木さん △———10日———▽

豊田さん △——5日——▽

林さん △—1日—▽

所要期間 16日

しかし、やり方を変えて、鈴木さんが作業をしている時期と同時に（並行して）、豊田さんと林さんが作業をすれば、所要期間は10日に短縮される。

鈴木さん △———10日———▽

豊田さん △——5日——▽

林さん △—1日—▽

所要期間 10日

さらに、鈴木さんの担当作業に要員を1人（山本さん）追加して、その部分の所要期間を半分（5日）にし、その間に、豊田さんと林さんの作業も並行して進めれば、所要期間は6日に短縮できる。

しかし、所要期間が延びてしまうケースもある。たとえば、鈴木さんの作業終了後に10日の「空白期間」がある場合だ。そのあと、豊田さんと林さんが順に作業をすれば、所要期間は26日に延びる。空白期間の例には、役所に書類を提出し、認可がおりるまでに10日かかる（たとえばパスポート）とか、海外の取引先が祝日や長期休暇で稼働できない（クリスマス休暇、旧正月、バカンス）などがある。

バランスのとれた
スケジュールを作る

　スケジュール作成はプロジェクトマネジメントでとくに重要である。

　ステップ3ではWBSによって、プロジェクトのワーク・パッケージを洗い出したが、作業間の依存関係は全く考えなかった。ここではまず、作業の間の依存関係を検討し、作業の流れをネットワーク図にまとめる。さらに、ステップ4で見積もった作業の所要期間を織り込んで、クリティカル・パスを明らかにする。

　次に、ネットワーク図をガント・チャートに図示する。

　そして、各メンバーの負荷を把握し、必要に応じてならす。これにより、ガント・チャートを調整し、バランスのとれたスケジュールがはじめてできあがる。

1 ネットワーク図を作る：右脳アプローチ

　作業の間の依存関係には、ある作業が終了してから次の作業を開始するものもあれば、複数の作業を同時に並行して進められるものもある。ここでは、それらを整理してネットワーク図を作成する。

　プロジェクトのネットワーク図を作るには右脳アプローチと左脳アプローチの2つがある。右脳アプローチは「イメージ脳」といわれる右脳に適した、絵画的・総合的なアプローチで、付箋（ポストイット）やカードを使うとよい。

　まず、白板（テーブル）の左端に「開始」と書いた付箋（カード）を置き、右端に「終了」と書いた付箋（カード）を置く。そして、WBSの最下位レベルの作業であるワーク・パッケージのすべてを、付箋に1枚ずつ書き込む。その中から、プロジェクトの最初に取りかかる作業を選び、「開始」のすぐ右横に置く。次に、その直後にくる後続作業を選び、そのすぐ右横に置く。

　この場合、依存関係を決めるにあたっては、①この作業に先行する作業はどれか、②並行して実施できる作業はどれか、③この作業の次にくる作業、すなわち、この作業の成果物を必要とする作業はどれか、の3点に注目する。

　なお、いったん並べ終った作業の順番が不適当と思うときは、それを適当な位置に移動する。こうして先行作業の右に後続作業を並べていく。

　すべての作業を並べ終えたら、先行作業から後続作業へと矢印で結び、依存関係をネットワーク図で示す。

図表5-1　ネットワーク図：令和企画

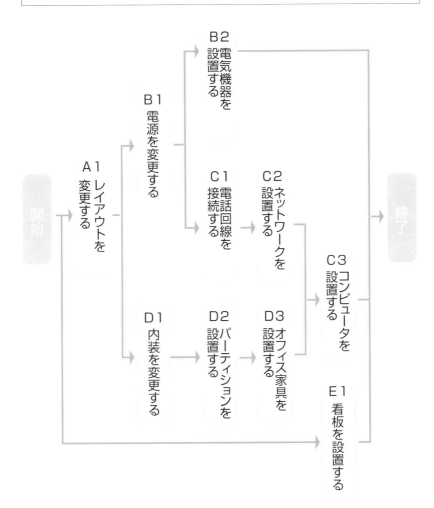

2 ネットワーク図を作る：左脳アプローチ

　ネットワーク図を作るもう1つの方法は、左脳アプローチである。これは「言語脳」といわれる左脳に適した、論理的・分析的アプローチだ。

　この方法では、すでに作ったWBS（**図表3-4**、74ページ）の右端に「直前先行作業」の欄を追加し、そこにそれぞれの作業の直前に行う作業を書き込む。このとき、「どの作業の成果物ができあがると、この作業を開始することができるか？」という問いを立てると、その答えが直前先行作業にあたる。

図表5-2　WBSのまとめと直前先行作業：令和企画

識別コード	作業内容（○○を××する）	責任者	直前先行作業
A1	レイアウトを変更する	下川　明	―
B1	電源を変更する	鈴木　進	A1
B2	電気機器を設置する	山本　正一	B1
C1	電話回線を接続する	鈴木　進	B1
C2	ネットワークを設置する	山本　正一	C1
C3	コンピュータを設置する	福岡　恵子	C2、D3
D1	内装を変更する	大田　由紀	A1
D2	パーティションを設置する	山本　正一	D1
D3	オフィス家具を設置する	福岡　恵子	D2
E1	看板を設置する	上田　翔	なし

たとえば、令和企画の事例（**図表5-2**）では、A1「レイアウトを変更する」が終了すると、B1「電源を変更する」とD1「内装を変更する」を開始することができる。

　こうして、すべての作業の直前先行作業を決める。直前先行作業がないものにはハイフン（-）を書き込む。これが、プロジェクトの最初の作業となる。

　この分析をもとに、「開始」の右側にA1を記入する。A1を直前先行作業とするのはB1とD1なので、この2つは並行して行われる。A1の右側にB1とD1を記入し、それぞれをA1と矢印で結ぶ。

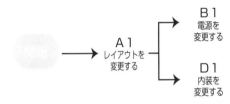

　B1を直前先行作業とするのはB2「電気機器を設置する」、C1「電話回線を接続する」の2つである。すなわち、この2つの作業は、それぞれ並行して行われる。それを、B1の右側に並行させて置き、それぞれをB1と矢印で結ぶ。

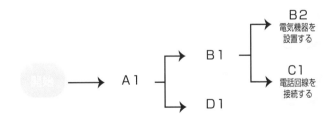

こうして、直前先行作業を手がかりに、WBSのすべてのワーク・パッケージのネットワーク図を作る。そして、最後の作業（ここではB2とC3とE1の3つ）が完了すればプロジェクトの最終成果物ができあがることを、あらためて確認する。それを確認したら、ネットワーク図はできあがり、このネットワーク図は、右脳アプローチのもの（**図表5-1**、101ページ）と等しい。

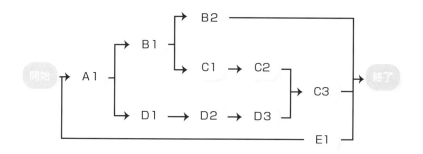

Column

「依存する」ということ

「依存する」とは一般には「他のものをたよりとして存在すること」（『広辞苑』）である。プロジェクトマネジメントでは、この言葉に独自の意味を持たせている。下の図で後続作業Bの開始は、先行作業Aが終了し、その成果物が完成してはじめて可能だ。このことを、後続作業は先行作業に「依存する」という。英語ではdepend onとか、dependentというが、一般の意味よりやや絞り込んだ用法であることに注意しよう。

A ⟶ B

3 依存関係の誤り

　作業の間の依存関係を決めるにあたっては、次にあげる3点に注目する。

　①この作業に先行するのはどれか。

　②並行して実施できるのはどれか。

　③この作業の次にくる作業、すなわち、この作業の成果物を必要とするのはどれか。

　ここでは、ときどき起こる依存関係の誤りをみておこう。

● ループ（循環）

　作業A、B、Cがそれぞれ循環していて、出口（終了）がない。この場合、どの作業の成果物をどの作業が必要とするかをみきわめ、修正する。

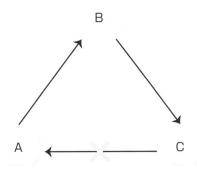

❖ ハンガー（宙ぶらりん）

作業Aには後続作業がなく、宙ぶらりんの状態になっている。この場合、作業Aに後続する作業を見つけだしそこにつなげるか、作業Aを直接、終了につなげる。

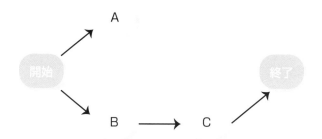

❖ 重複

作業間の先行・後続の関係は、直前・直後の関係でなければならない。だから、作業を直前先行作業でないものにつなげると、重複が起こることがある。下の例で、作業Bが作業Aに後続し、作業Cが作業Bに後続するなら、作業Aを作業Cの先行作業とするのは、誤りである。この場合、AはCの直前先行作業ではない。

これについては面白い説明がある。歌舞伎の松嶋屋には、片岡仁左衛門がいて、その子どもが孝太郎、孝太郎の子どもが千之助だ。仁左衛門→孝太郎の関係、および孝太郎→千之助の関係は、それぞれ直前・直後の関係である。よって、仁左衛門から千之助へと直接つなぐのは間違いである。

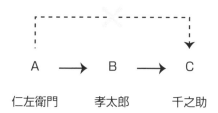

106

4 [演習]
プロジェクトのネットワーク図を作る

　右脳アプローチに従って、あなたのプロジェクトのネットワーク図を作りなさい。この場合、付箋（ポストイット）かカードをワーク・パッケージの数だけ用意し、次のような枠を設ける。この書式は、あとのステップの演習にも引き続き使う。

▶ 進め方

①白板（テーブル）の左端に「開始」と書いた付箋（カード）を置き、右端に「終了」と書いた付箋（カード）を置く。

②ワーク・パッケージの、識別コード（ID）と作業内容（○○を××する）を付箋（カード）に書き込む。

③最初の作業を「開始」のすぐ右側に置く。

④すぐ右側に後続作業を置く。作業をすべて並べ終えるまで続ける。

⑤すべて並べたら、矢印で結び、依存関係を示す。

ID	作業内容
最早開始	最早終了
所要期間	フロート
最遅開始	最遅終了

107

ネットワーク図をさかのぼって検証する

　ネットワーク図は強力なツールなので、是非、有効に活用したい。とくにおすすめしたいのが、一度できたネットワーク図の上の各経路を右から左に（時間を）さかのぼって、ワーク・パッケージのヌケ・モレがないかどうかを検証することである。それには、「この作業を開始するための必要条件は何か？」という問いを立てる。必要条件にあたるものが直前（すぐ左側）のワーク・パッケージであればいい。そうでない場合には、そこにヌケ・モレや飛躍があるので、手直しが必要だ。

　図表5-1（101ページ）では、プロジェクトが終了するための必要条件は、B2「電気機器を設置する」、C3「コンピュータを設置する」、E1「看板を設置する」の3つが終了していることである。さらに、C3を開始するための必要条件は、C2とD3が終了していることである。そして、C2から開始にさかのぼる経路では、C1、B1、A1がそれぞれ後続するワーク・パッケージの必要条件となっていることがわかる。他の経路も同じようにして検証する。

　プロジェクトがうまくいかない理由として、序章で「必要な作業がスケジュールに表されていない」ことを指摘した（22ページ）。この問題を防ぐには、ネットワーク図をさかのぼって必要な作業を検証するのが手っ取りばやく、わかりやすい。

　言い換えると、WBSによる作業の洗い出しは万能ではない。ステップ3で、ある切り口に基づいて作業を分解することを紹介した。しかし、そこには必要性という観点は含まれていない。必要性という観点で作業の確認をするのには、ネットワーク図が強力なツールである。

5 クリティカル・パスとは何か?

　各作業の所要期間を見積もり、依存関係をもとに、プロジェクトの
ネットワーク図を作った。そこで、次の５つの問いを立ててみよう。
あなたは答えられるだろうか。

　①プロジェクトの総所要期間は？

　②いつどの作業をするのか？

　③どの作業をいつするかについて、裁量の余地はあるか？

　④どれかの作業が遅れた場合、その影響は？

　⑤プロジェクトの絶対的期限を守るにはどうすればよいか？

　ここまでみてきたステップでは、これらの問いに答えられない。し
かし、クリティカル・パス分析をすれば、５つのすべてに明確に答え
ることができる。

STEP 5

事例　恵比寿海上保険

　恵比寿海上保険のセールスレディ渡辺さんと加藤さんが、東京・丸
の内の本社で、打ち合わせをしている。２人とも、翌日は大阪に出張
の予定があり、打ち合わせの続きは新大阪駅前のオフィスですること
にした。

　京都出身の渡辺さんは、大阪に行く途中で京都の実家に寄り、両親
の顔を見ていくつもりでいる。加藤さんは、広島に大切な顧客があり、
大阪に行く前に、その顧客を訪問し、商談をまとめたいと思っている。

　渡辺さんは、明朝９時に新幹線で東京を発ち、加藤さんも同じ時刻
に羽田発の飛行機で広島に向かう。２人が、できるだけ早く、大阪で
会うとしたら何時になるか。

2人が大阪で会う時刻を求めるために、すでに見た左脳アプローチで、WBS（リスト型）に直前先行作業をまとめ、それぞれの所要期間を見積もって、次の表を作った。

識別コード	作業内容	責任者	直前先行作業	所要期間
A	東京から京都へ移動（新幹線）	渡辺	—	3
B	京都の両親に会う	渡辺	A	2
C	京都から大阪へ移動（阪急電車）	渡辺	B	1
D	羽田から広島へ（飛行機）	加藤	—	2
E	広島の顧客と商談	加藤	D	3
F	広島から大阪へ移動（新幹線）	加藤	E	3

　これをネットワーク図にまとめ、それぞれの作業の所要期間を書き込むと次のようになる。

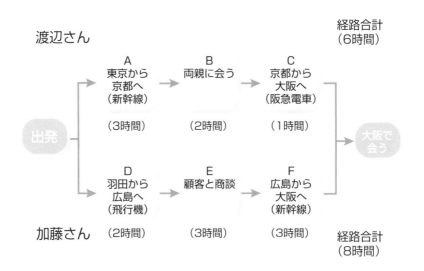

2人のセールスレディが東京を発って大阪で会うまでには、渡辺さんの経路と加藤さんの経路の2つがあり、所要期間の合計はそれぞれ6時間、8時間である。朝9時に発った場合、渡辺さんの経路では大阪に午後3時に着くが、加藤さんの経路では午後5時になる。この場合、加藤さんの経路がクリティカル・パスにあたる。

> クリティカル・パス（最重要の経路）とは、プロジェクトの開始から終了までに最も長い時間を要する経路、またはその合計所要期間のことである。

事例　令和企画

令和企画のプロジェクトについて、クリティカル・パスと合計所要期間をみてみよう。それには、すでに作ったネットワーク図（**図表5-1**、101ページ）の各作業に所要期間を追加する（**図表5-3**）。

図表5-3　ネットワーク図

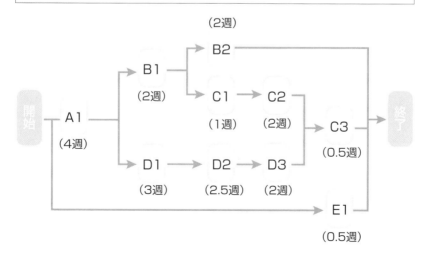

このプロジェクトでは、開始から終了までに4通りの経路があり、それぞれの経路ごとの合計所要期間は次のとおりである。

開始 →A1→B1→B2→終了　　　　　　（合計所要期間8週）
　　　4.0＋2.0＋2.0＝8.0
開始 →A1→B1→C1→C2→C3→終了　（合計所要期間9.5週）
　　　4.0＋2.0＋1.0＋2.0＋0.5＝9.5
開始 →A1→D1→D2→D3→C3→終了　（合計所要期間12週）
　　　4.0＋3.0＋2.5＋2.0＋0.5＝12.0
開始 →E1→終了　　　　　　　　　　（合計所要期間0.5週）
　　　0.5

ここからわかるように、このプロジェクトの4つの経路の中では、
開始 →A1→D1→D2→D3→C3→終了
の合計所要期間が12週間で最も長く、ここがこのプロジェクトのクリティカル・パスである。

クリティカル・パスをネットワーク図上に太線で示すと、**図表5-4**のようになる。

◆ 重点思考と例外管理

令和企画のプロジェクトのネットワーク図（**図表5-4**）で、作業D1の所要期間が当初の見積り（3週間）より2週間長くかかるとしたら、プロジェクトの合計所要期間はどうなるだろう。また、作業D2に技術上の問題が発生し、所要期間（当初の見積りが2.5週）が4.5週間かかるとしたらどうか。作業D3の所要期間2週間という見積りが甘すぎ、実際には4週間かかるとしたらどうか。いずれの場合にも、合計所要期間は14週間に延びることになる。

クリティカル・パスとは、プロジェクトのネットワーク図で、開始

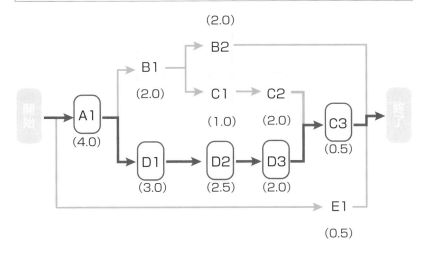

図表5-4　ネットワーク図

から終了までで最も長い時間を要する経路であるから、クリティカル・パス上にある作業のどれかが遅れると全プロジェクトの終了の遅れに直接つながる。ここでいう「クリティカル」（critical）とは「時間の観点から見た最重要の」という意味である。また、全プロジェクトの終了を早めたい場合、クリティカル・パスの短縮をする必要がある。

　プロジェクトの進捗をモニターし、コントロールするには、クリティカル・パス上の作業に重点を絞り、例外管理をするのが効果的だ。

6 クリティカル・パスの往路分析と復路分析

クリティカル・パスについては、もう一歩踏み込んだ分析をしてみよう。それによって、次の各ポイントが明らかになる。

- 作業を開始するのに最も早い時期はいつか？
- 作業を終了するのに最も早い時期はいつか？
- 作業の終了を遅らせるとしたら、いつまでにその作業を終了すれば、後続作業を遅らせずにすむか？
- 作業の終了を遅らせるとしたら、いつまでにその作業を終了すれば、プロジェクト全体のスケジュールを遅らせずにすむか？
- スケジュール上の余裕（フロート）がどの作業にどれだけあるか？

クリティカル・パス分析の用語

クリティカル・パスの往路分析と復路分析では、新たに次の5つの用語を使う。

最早開始…作業を開始できる最も早い時期（ES：Early Start）。先行作業がある場合、その最早終了に同じ。プロジェクトの最初の作業では、時間軸の上で0（ゼロ）となる。

最早終了…作業を終了できる最も早い時期（EF：Early Finish）。最早開始に所要期間を足して得られる。

最遅終了…プロジェクト全体を遅らせないために、その作業を終了しなければならない最も遅い時期。つまり、いつまでにその作業を終了しなければならないか（LF：Late Finish）。後続作業がある場

合、その最遅開始に同じ。

最遅開始…プロジェクト全体を遅らせないために、その作業を開始しなければならない最も遅い時期。つまり、いつまでにその作業を開始しなければならないか（LS：Late Start）。最遅終了から所要期間を差し引いて求める。

フロート…スケジュール上の余裕期間（Float）。「スラック（Slack）」ともいう。最遅終了から最早終了を差し引いて得る。

往路分析：最早開始・最早終了を求める

クリティカル・パスの往路分析と復路分析では、先の演習（107ページ）で使った付箋（カード）を使う。

令和企画のプロジェクトで各作業の最早開始・最早終了を求める。ネットワーク図の開始から終了に向かって、1つひとつの作業の最早開始・最早終了を求めるもので、「往路分析」という。

ID	作業内容
最早開始	最早終了
所要期間	フロート
最遅開始	最遅終了

まず、すべての作業の付箋（カード）を使ってネットワーク図を作

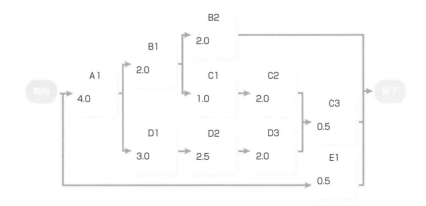

り、識別コードと所要期間（ここでは週単位）を記入する。

このプロジェクトの最初の作業は時間軸の0に開始するので、これが作業A1の最早開始となる。作業A1の所要期間は4週間（4.0）であるから、最早開始（0）に所要期間（4.0）を加えた4.0をA1の最早終了とする。

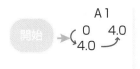

作業B1と作業D1が作業A1に後続するから、B1、D1の最早開始はA1の最早終了である4.0となる。つまり、先行作業が終了したら、すぐに開始できる。B1には2.0週間の所要期間がかかるから、B1の最早終了は6.0（＝4.0+2.0）となる。同じようにして、D1の最早終了7.0（＝4.0+3.0）を求める。

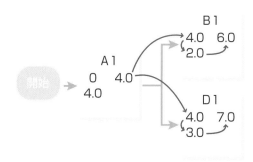

B1に後続するB2とC1の最早開始は、いずれもB1の最早終了と同じ6.0となる。B2の所要期間は2.0週なので、最早終了は8.0（＝6.0＋2.0）となる。D2の最早開始は、D1の最早終了と同じ7.0となる。同じように続けると、C2の最早終了と9.0、D2の最早終了9.5、D3の最早終了11.5までを求められる。

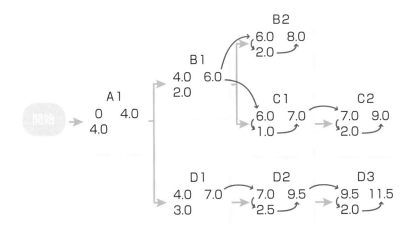

次にC3の最早開始を求める。ここで注意しよう。C3には先行作業が複数（C2、D3）ある。そして、C3を開始するのは、複数の先行作業のすべてが終了してからでなければならない。そこで、複数の先行作業のうち、最早終了が最も遅いもの11.5をC3の最早開始とする。これにC3の所要期間0.5を加えると、最早終了12.0を求められる。

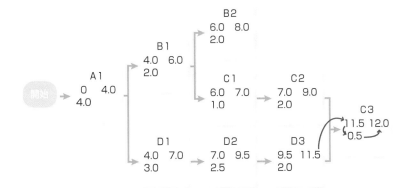

作業E1はプロジェクト開始時（0）に開始できる。これに所要期間0.5週を足すと、最早終了0.5が求められる。こうして、往路分析ができあがる。

往路分析のネットワーク図で、終了につながる3つの作業（B2、C3、E1）の最早終了は、B2では8.0、C3では12.0、E1では0.5であり、C3の12.0が最大である。すなわち、このプロジェクトには少なくとも12週間かかり、この値がプロジェクトの総所要期間にあたる。

往路分析のポイントは3つある。まず、ネットワーク図の最初の作業の最早開始に0（ゼロ）を書き込む。それから、すべての経路の所要期間を左から右に順に足し算をする。その際、計算式は「最早開始＋所要期間＝最早終了」である。

そして、複数の経路が1つに収束する場合、複数の先行作業のうち最早終了が最も遅いもの（値が最大のもの）が、後続作業の最早開始となる。

さらに、ネットワーク図で終了につながる最後の作業の最早終了の値（複数ある場合は最大のもの）がプロジェクトの総所要期間である。

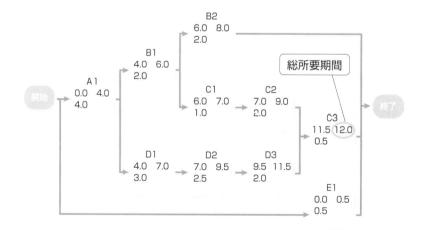

復路分析：最遅終了・最遅開始を求める

同じ事例で各作業の最遅終了と最遅開始を求めよう。今度は、ネットワーク図の終了から開始に向かってさかのぼるもので、復路分析という。

まず、ネットワーク図の最後の作業であるB2、C3、E1の最遅終了と最遅開始を求める。往路分析により、このプロジェクトの総所要期間は12週間なので、この値（12.0）をB2、C3、E1の最遅終了とする。それぞれの最遅開始は最遅終了から所要期間を差し引いて求められるから、B2では10.0（＝12.0 − 2.0）、C3では11.5（＝12.0 − 0.5）、E1では11.5（＝12.0 − 0.5）となる。また、C2、D3の最遅終了は後続するC3の最遅開始と同じなので、それぞれ11.5となる。

同じようにして、C2、C1、D3、D2、D1の最遅開始まで求める。

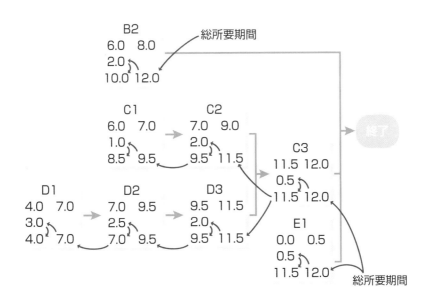

次に、B1について考えよう。B1には後続作業が複数（B2、C1）

119

ある。B1の終了の時期を遅らせるとしたら、いつまでであれば、B2、C1の開始を遅らせずにすむか。それは、後続する複数の作業の最遅開始のうち最も早いものである。すなわち、C1の最遅開始である8.5までであり、それまでにはB1を終了しなければならない。そこで、B1の最遅終了は8.5、最遅開始は6.5（＝8.5－2.0）となる。

　同じようにして、A1の最遅終了は、後続するB1とD1のうち、最遅開始の早いほうである4.0となる。こうして、A1の最遅開始である0.0まで求める。

　復路分析にもポイントは3つある。まず、ネットワーク図の最後（「終了」の直前）の作業の最遅終了に、往路分析で求めた総所要期間を書き込み、すべての経路を時間の流れをさかのぼる形で、右から左に進みながら、引き算をする。その際、計算式は「最遅終了－所要期間＝最遅開始」というものだ。

　そして、複数の経路が1つに収束する場合、複数の後続作業のうち最遅開始が最も早いもの（値が最小のもの）が先行作業の最遅終了となる。

　さらに、すべての経路の計算を終えると、最初の作業（複数ある場合はそのうちの少なくとも1つ）の最遅開始は必ず0となる。

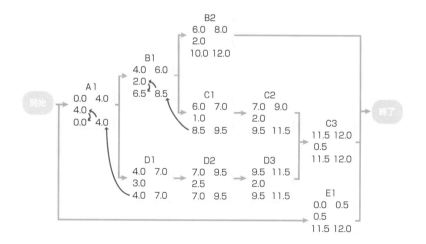

120

フロートを求め、クリティカル・パスを明らかにする

　フロートとはスケジュール上の余裕期間のことで、各作業の最遅終了と最早終了の差にあたる。クリティカル・パス上の作業では、最遅終了と最早終了は同じなので、フロートはない（0（ゼロ）である）。フロートがあるのは、クリティカル・パス上にはない作業のみである。

　同じ事例の各作業にフロートを記入すると、下の図のようになる。

　ここで、同じ経路にあるフロートは、それぞれの経路に共通する合計の数値であることに注意したい。B1→C1→C2にはともに2.5のフロートがあると示してあるが、誤解してはいけないことがある。これは3つの作業それぞれに2.5ずつのフロートがあり、合計7.5のフロートがあるという意味ではない。3つの作業に共通して合計2.5のフロートがあるという意味である。これをトータル・フロート（共有合計フロート）という。

　すべての作業のフロートを求めたら、フロートが0（ゼロ）となる作業をつなぐ。こうして求めた経路がクリティカル・パスにあたるので、ネッ

最早終了 ⌐
フロート ← ─
最遅終了 ⌐

STEP
5

バランスのとれたスケジュールを作る

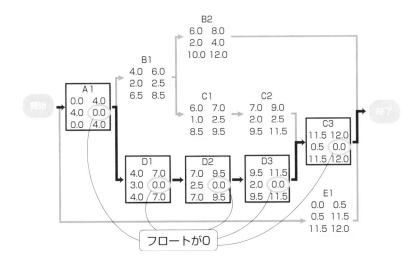

121

トワーク図の中に太線で示す。この経路はプロジェクトに必要な総所要期間を示すとともに、時間的余裕を全く持たない。さらに、その上にある作業のどれかが遅れれば、そのまま、プロジェクト全体の遅れにつながる。まさにクリティカル・パス（最重要の経路）だ。

◆クリティカル・パス分析の意義

クリティカル・パス分析をすると、先に立てた5つの問い（109ページ）のすべてに答えることができる。そして、プロジェクトを計画し、実行・コントロールする上で、重要なポイントを理解できる。

①プロジェクトの総所要期間は？　これはクリティカル・パスの所要期間にほかならない。

②いつどの作業をするのか？　各作業について、最早開始・最早終了・最遅終了・最遅開始で示される期日である。

③どの作業をいつするかについて、裁量の余地はあるか？　これは、どの作業にどれだけ時間的余裕があるかということであり、フロートの有無とその数字で示される。

④どれかの作業が遅れた場合、その影響は？　クリティカル・パス上の作業が遅れたら、それは直にプロジェクトの遅れにつながる。一方、フロートのある作業が遅れても、フロート内の遅れならプロジェクト全体には影響はない。

⑤プロジェクトの絶対的期限を守るにはどうすればよいか？　プロジェクトに動かせない期限（イベントの開催日やスポンサーの強い意向）があるなら、クリティカル・パスに注目し、短縮の必要があるならそこに集中すべきである。逆に言えば、そこを無視してフロートのある経路を短縮しても効果はない。

7

[演習]
クリティカル・パスを明らかにする

あなたのプロジェクトのネットワーク図に次の情報を加え、クリティカル・パスを明らかにしなさい。

- 最早開始、最早終了
- 最遅終了、最遅開始
- フロート
- クリティカル・パス

進め方

①付箋（カード）に所要期間を記入する。

②往路に沿って、最早開始と最早終了を求める。

③復路に沿って、最遅終了と最遅開始を求める。

④フロートを求める。

⑤クリティカル・パスを表示する（太線かカラーペン）。

分析と統合

　プロジェクトをまともに行うには、目標を文書化し（ステップ2）、WBSを作ってワーク・パッケージを洗い出す（ステップ3）、個々のワーク・パッケージの所要期間を見積もる（ステップ4）、という分析的なやり方が必要だ。

　しかし、それで充分ではない。そこからさらに、すべての作業をネットワーク図に統合し、クリティカル・パスを明らかにする（ステップ5）ことで、プロジェクトに必要な期間がはじめてわかる。

　つまり、プロジェクトマネジメントには、分析と統合という2方向の検討が必須である。

　では、現実のプロジェクトで、クリティカル・パスを明らかにし、そこを中心に計画を策定し、実行・コントロールをしているだろうか。

　多くの場合、答えは「ノー」である。頼む側（依頼者・スポンサー）は「これをプロジェクトとしてやってください。期間は6カ月です」などと頼むが、上のような検討は一切しないまま、依頼だけをする。そして、引き受ける側も「わかりました。がんばります」といって引き受けるが、こうした検討はしていない。

　つまり、頼んだ側は何を頼んだかわかっておらず、引き受ける側も何を引き受けたのかわかっていない。

　その結果、思い思いの作業に野放図に手を付け、よくわからないままに時間が流れ、期限直前の徹夜でやっつけ仕事をし、それでよしとする。これが、多くのプロジェクトの現状である。

　こうした不毛な活動から脱却し、プロジェクトをまともに行うには、計画段階でクリティカル・パスを明らかにすることが、まさにクリティカル（最重要）である。

2種類のネットワーク図：AONとAOA

　ここに2つのネットワーク図を示そう。どちらも同じ内容を表しているが、表示形式が異なっており、上をAON、下をAOAという。

　AON（Activity on Node）では、四角形の節（ノード）で作業を示し、作業の依存関係を矢印でつなぐ。プレシデンス・ダイアグラム法（PDM）ともいい、大半の人がこちらのほうがわかりやすいと感じるようだ。本書で紹介するガント・チャートもこれに基づいている。

　AOA（Activity on Arrow）では、作業を矢印で示し、それを丸印の節（ノード）でつなぐ。アロー・ダイヤグラム法とかPERT（パート）法とも呼ばれ、こちらがしっくりくる人も一定数いる。興味深いことに、クリティカル・パス法の原型はこちらから生まれている。

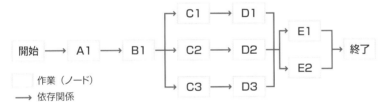

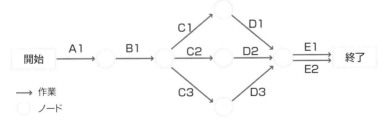

プロジェクト・マネジャーの資質：タレント・トライアングル

　プロジェクトマネジメントは、PERT（パート）に基づくクリティカル・パス法を先駆けとして、その後、WBSやリスク・マネジメントなど、どちらかというとメカニカルな事柄を中心に発展してきた。それが広くにいきわたるとともに、重要性を増しているのが人間的要素である。プロジェクトを立ち上げるのも、遂行するのも、その成果物を享受するもの人間であるから、これは当然の進展であり、PMIでは、これを「タレント・トライアングル」で表している（『PMBOK®ガイド』第6版）。すなわち、次の3つだ。

　1）プロジェクトマネジメント技術
　2）リーダーシップ
　3）戦略的およびビジネスのマネジメント

戦略的およびビジネスの
マネジメント

　「タレント・トライアングル」の原型ともいうべきエピソードがある。私はある時期、米国の半導体大手インテルで、工場用の半導体製造装置の調達をしていた。我が国には優れた半導体装置メーカーがい

くつもあり、そこから装置を調達して、世界中のインテル工場（シリコン・バレー、ダブリン、イスラエル、マニラ、ペナンなど）に送り、据え付けて、稼働させる。

　当時、インテルは毎年、「サプライヤー・デイ」という会議を主催し、いわゆる「ムーアの法則」（半導体の集積率は18カ月で2倍になる）に基づいて、技術ロードマップを業界に提供していた。半導体製造に求められる線幅や平面度など、各種の仕様と時期を示して、各社の製品開発の指針にしてもらうためだ。

　だが、技術的協力だけではうまくいかない。取引先の担当者（アカウント・マネジャー）の力量によって、やり取りの効果と効率に大きな差が出る。仕様の詳細な詰めから、ごく日常のコミュニケーションまで、担当者の力量が大切だ。そこで、インテル社内で議論を重ね、取引先の担当者に求める資質を、次の3つに絞り込んだ。

　1）技術がわかること

　2）ビジネス判断ができること

　3）社内をまとめられること

　半導体製造は化学、物理など多様な科学的知識に依拠するだけでなく、製造技術やスケジュール管理なども必須だ。これが1つめの「技術がわかること」。とはいえ、すべての要素技術をくまなく理解するのは至難の業であり、「重要なポイントを確実に抑えられる程度に」ということである。「タレント・トライアングル」では「テクニカル」にあたる。

　2つめの「ビジネス判断」は、海外取引でとくに強く求められる。課題が持ち上がるたびに（ビジネスの常識にあたる事柄まで）、本社（たとえば、東京？）の意向を打診したり、確認したりするのでは、物事が進まない。「タレント・トライアングル」の「戦略とビジネス」にあたる。

そして、3つめの「社内をまとめられる」こと。日本のメーカーには、営業部門と製造部門の仲が悪いところが少なくない。営業が先走って受注した商品を製造が苦労を重ねて出荷する、という構図に思いあたる向きもいるだろう。その状況を受け止め、上手にまとめて"one voice"で応じてもらいたい。「タレント・トライアングル」の「リーダーシップ」にあたる。

　日本の取引先にはもう1つ、英語を使えることを加えさせてもらった。

　ある年のサプライヤー・デイでこの期待を日本メーカー100社に伝えた。すると、某メーカーの経営陣が反論する。「当社には、そんなスーパーマンはいません」

　インテルはそれを受けて丁重にお願いした。「スーパーマンがいないのでしたら、スーパーウーマンをお願いします」

　日本の会社で営業や製造など1つの部門だけしか経験しないままでアカウント・マネジャーに指名された人には、この期待は「見果てぬ夢」に映るかもしれない。しかし、経営陣は「スーパーマンはいない」と社員の成長の可能性を閉ざすのではなく、そういう人材をどう育てるかに目を向けるべきだろう。担当者もそういう資質を身につける努力が要る。その積み重ねにより、「タレント・トライアングル」が「見果てぬ夢」ではなく、「広く受け入れられた資質」になるのは、すぐそこかもしれない。

1 ガント・チャートを作る

　スケジュールを作るには、ヨコ軸に時間をとり、タテ軸に作業を列挙した表を使い、作業の開始から終了までの所要時間をヨコ棒の長さで示す。このグラフを考案した米国の機械工学者ヘンリー・ガントにちなんで「ガント・チャート」と呼ぶが、日本語でも「線表」とか「工程表」として広く使われているものだ。

◆ ガント・チャートの作り方

　ガント・チャートを作るには、まず、作業をいくつかのまとまりに分けて、図表5-5の欄の左端に開始する順に上から書き込む。

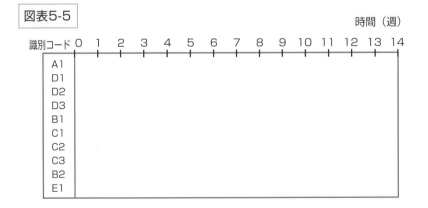

図表5-5

次に、それぞれの作業の最早開始を△、最早終了を▽の記号で記入
し、△と▽とを所要期間を示すヨコ棒でつなぐ。そして、クリティカ
ル・パス上にない作業には、フロート ＼＼＼＼＼と最遅終了 ▽ を記入す
る（**図表5-6**）。なお、ガント・チャートで使う記号は、わかりやす
ければ、他のものでもよい。

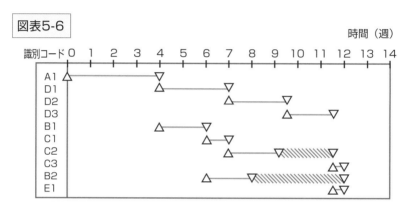

図表5-6

　そして、先行作業の最遅終了と後続作業の最早終了をタテ線で結び、
前後の依存関係を示す（**図表5-7**）。

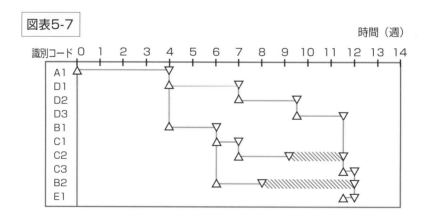

図表5-7

最後に、クリティカル・パスを太線かカラーペンで表示すればでき
あがりだ（**図表5-8**）。

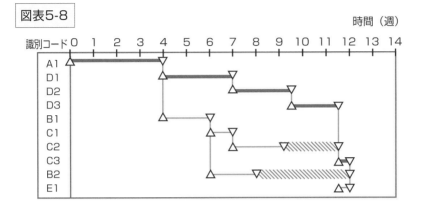

図表5-8

時間（週）

ガント・チャートの5つの特長

プロジェクトのスケジュールを図示するには、ガント・チャート以
外にもいくつかの方法があるが、本書では、ガント・チャートをすす
める。ガント・チャートには、5つの際立った特長があるからだ。

① わかりやすい

ガント・チャートには、プロジェクトのすべての作業が時間軸上に
リスト・アップされているので、どの作業をいつやるかが一目瞭然だ。
プロジェクト・マネジャーやチーム・メンバーだけではなく、プロジ
ェクトに直接関わってはいない他のステークホルダーも、これを見れ
ばプロジェクトの全体像が把握できる。さらに、プロジェクトの途上
で、何かの事情で他の人やグループにプロジェクトを引き継ぐことに
なったとしても、しっかりしたガント・チャートがあれば、スムーズ
に移管できる。必要な作業がリスト・アップされており、実施時期も
明らかになっているからだ。

② すべてのワーク・パッケージ作業が洗い出される

プロジェクトがうまくいかない理由の1つとしてよくあげられるのが、スケジュールは作ったが、必要な作業がそこに表されていないというものだ（22ページ）。それを避けるのにも、ガント・チャートは有効だ。まともなガント・チャートを作るには、WBSによって作業をしっかり洗い出すことが不可欠だからだ。

③ プロジェクトの全体像と自分が担当する作業の関係がわかる

これがわからないというのも、プロジェクトがうまくいかない理由によくあげられる（22ページ）。令和企画のプロジェクトを例にとると、作業D1の担当者が終了を遅らせるとまずいことになる。D1はクリティカル・パス上にあるので、ここでの遅れはそのままプロジェクト全体の遅れにつながるからだ。

一方、作業B2の担当者の場合、終了が数日遅れても大勢に影響はない。余裕期間（フロート）が4週間あるからだ。フロートの期間内で作業の開始・終了を調整すれば、他の作業を手がけることも、休暇を楽しむこともできるだろう。

図表5-9

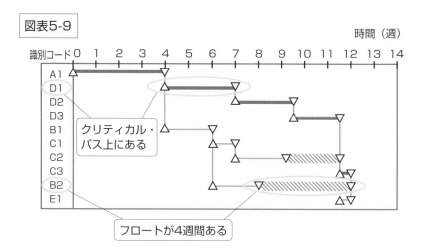

④ 重点思考・例外管理ができる

あなたはこのプロジェクトのプロジェクト・マネジャーで、今、6.5週めにさしかかっているとしよう。ガント・チャートの6.5週めのところにタテ線を引けば、それが交差するガント・バー（所要期間を示すヨコ棒）の箇所は、作業D1、C1、B2の3つだ。そこに注力すればよい。それより前の作業（たとえば、A1）はもう終了しているので考えなくともよい。それより後の作業（たとえば、C3）も実施時期がまだ先なので考えなくともよい。これが「重点思考」ということだ。

だが実をいうと、この時点で本当に目を光らせておくべきなのは、D1だけである。クリティカス・パス上にあるからだ。C1とB2はフロートがあるから、当面は成り行き任せでも問題はない。つまり、全体に満遍なく注意を払うのではなく、最重要の箇所を特定し、そこに例外的に注意を集中しようというわけだ。これが「例外管理」（Management by Exception）である。

図表5-10

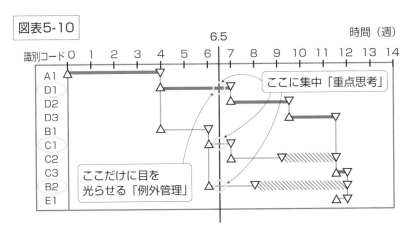

⑤ 計画と実績（予実）を対比して示すことができる

1枚のガント・チャートにスケジュールの計画と実績を対比して示せば、スケジュール・コントロールの実態や差異が一目瞭然だ。この

点も、他の表示方法にはない、ガント・チャートの特長である。

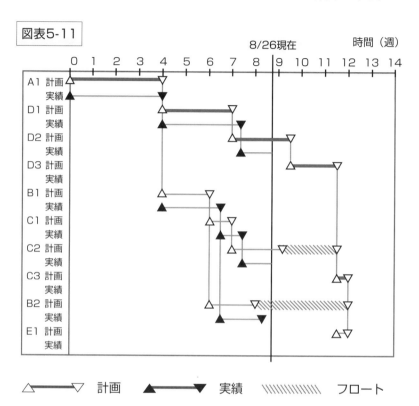

図表5-11

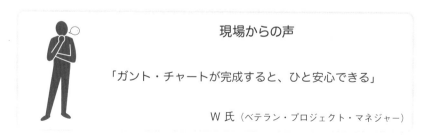

現場からの声

「ガント・チャートが完成すると、ひと安心できる」

W 氏（ベテラン・プロジェクト・マネジャー）

2 依存関係のいろいろ

　これまでにみたガント・チャートでは、ほとんどの作業の関係が、先行作業が終了してから後続作業に開始するというものになっている。こういう依存関係を「終了・開始型」という。

　ただし、令和企画の例（**図表5-1**、101ページ）では、作業E1「看板を設置する」を終了させるのは、オフィス・ビルに入居する直前で充分であり、作業C3「コンピュータを設置する」が終了するのと同時であることが望ましい。この2つの作業の関係は「終了・終了型」という。

　作業間の依存関係には、次の4つがある。

①終了・開始型
　先行作業が終了し成果物ができあがってから、後続作業を開始するもの。たとえば、家を建てる際、柱を立ててから屋根を重ねる。逆はまずありえない。令和企画の例でいえば、B1「電源を変更する」が終了してから、B2「電気機器を設置する」を開始するなど。

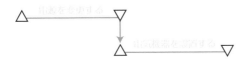

②開始・開始型

複数の作業を同時に開始するもの。たとえば、プロジェクト目標を設定する作業を開始すると同時に、それを文書にまとめる作業も開始するなど。

③終了・終了型

2つの作業を同時に終了するもの。たとえば、ソフトウェアの導入が終了すると同時に、ユーザー教育も終了するなどだ。仮に、ソフトウェア導入の半年も前にユーザー教育を終了していたとしたら、導入時にはすべて忘れてしまっていることになりかねない。

④開始・終了型

後続作業を開始してから、先行作業を終了するもの。たとえば、コンピュータの新システムをカットオーバーしたら、既存システムの稼働を止めるなど。

世の中に目を転じると、「開始・終了型」といえる関係のいくつか

に気づく。四季の移ろいはその典型だ。冬がいつ終わるかといえば、春一番が吹いたときだ。冬が主体的に「今日で冬を終わりにします」というわけにはいかない。

このように、後続作業に主導権があり、後続作業の開始によって先行作業の終了を迎えるのが、「開始・終了型」の特徴である。

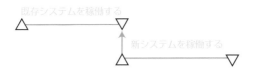

3 リードとラグ

スケジュール作りで念頭におきたいのがリードとラグだ。

◇ リード

2つの作業が終了・開始型でスケジュールされていて、何らかの理由で合計の所要期間を短縮したいとする。こんなときは、先行作業のどこかで成果物の完成を見きわめ、後続作業の開始を早めるのも方法の1つだ。この前倒しの期間がリードである。

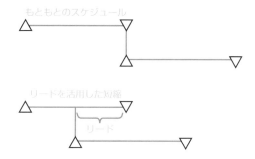

◇ ラグ

2つの作業が終了・開始型でスケジュールされているとしても、先行作業の終了直後に後続作業を開始しなくともよい場合や、作業の特性上、あえて空き時間を置く場合がある。

たとえば、建物の塗装をする際、1層目を塗り終えたら、それが乾くまで一定の時間を置き、そのあとで2層目を塗るなどのケースだ。

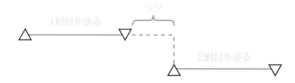

ラグ

1層目を塗る

2層目を塗る

賢者のアドバイス

「プロジェクトの早期終了に向け、リードを活用し、ラグ
は最小にしよう」

鈴木 安而 氏（PMコンサルタント）

4 クリティカル・パスを 短縮する方法

　クリティカル・パスを明らかにしたとき、それが望ましい期限に合うとは限らない。たとえば、今年のクリスマス商戦をあてこんで、新商品の開発をしているとしよう。その完成時期が、来年の2月だと判明したら困ったことになる。マーケティングでいう「機会の窓」（Window of Opportunity）に収まらないからだ。

　さらに、プロジェクト・スポンサーから、全プロジェクトの終了を早めてほしいとの要請があったら、どうするか？

　すでにみてきたように、クリティカル・パス上にない作業に注目しても、解決は得られない。このようなときには、クリティカル・パス上の作業に注目し、重点思考と例外管理でプロジェクトの総所要期間を短縮する。

◈ 9つの方法

　クリティカル・パスを短縮するには、次の9つの方法がある。

　①終了・開始型の前後関係がある作業で、先行作業の成果物がある程度できあがれば後続作業を開始できるときは、リードを活用して後続作業の開始を前倒しし、そこからの作業を並行して行う。

　この場合、要員を追加できることと、中間地点での成果物が充分に完成していることが条件となる。

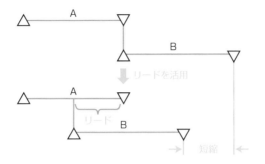

②作業の前後関係を組み直し、実施する順番を変える。たとえば、直列に並べていた作業を並列にする、など。

この場合、それに伴うリスクを理解し、手を打っておくこと。

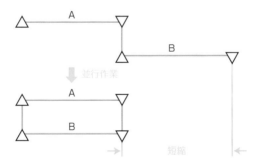

③作業をさらに分解し、並行して行う。

この場合にも、要員を追加できることが条件となる。

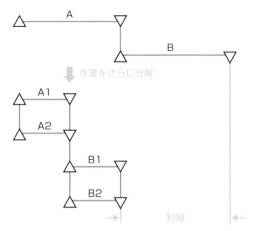

④フロートのある経路から、クリティカル・パスへ要員を移す。

この場合、クリティカル・パス上の作業が可変時間作業であり、さらに移す要員のスキルが適当なものであることが条件となる。

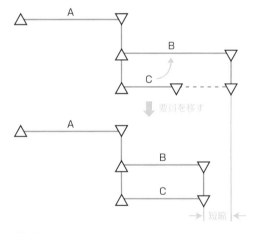

⑤障害を取り除く。

たとえば、創立記念日は休日と定めている会社があるとしよう。その日にプロジェクト作業がピークを迎えるとしたら、休日を返上してプロジェクト作業を進めることも考えられる。

⑥残業や時間外勤務、シフト勤務、要員の増加、外注の活用をする。サッカーの試合でいえば「パワー・プレイ」にあたるもので、当初の予算以上に費用がかかることになる。この場合、予算増額の承認を取りつけること。

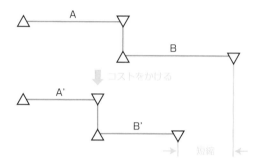

⑦別の方法や新技術を使う。

たとえば、船舶輸送の予定を空路輸送に切り替えるなど、いわば「時間をお金で買う」ことにもつながる。

⑧品質を落とす。当然ながら、スポンサーからの承認が不可欠である。

⑨スコープを削減する。

この場合も必ず、スポンサーからの承認を得ること。

上の９つの方法のうち、①から④まではプロジェクト・チームが独自の判断で実行できる。しかし、⑤は組織の上層部から承認を取りつけることが必要だ。さらに、⑥と⑦はスポンサーや財務部門など、資金を出してくれる人からの承認を取ってから行う。⑧と⑨は、スポンサーからの承認を取りつけてから実行すること。

なお、『PMBOK® ガイド』では、①②③を「ファスト・トラッキング」と呼び、④と⑥を「クラッシング」と呼んでいる。ファスト・トラッキングはネットワーク図を変更するのでリスクを伴い、クラッシングにはコストを伴うという特徴がある。

ここに紹介した9つの方法は、次の表にまとめておこう。課題解決のためには広い視野で検討すべきであることと、QCDのバランスをとることの意味が確認できる。

図表5-12　クリティカル・パスを短縮する方法

	具体的方法	留意点	判断は？
1	作業の依存関係にずれがあれば、作業を並行して行う。リードの活用（ファスト・トラッキング※）	中間地点での成果物が充分に完成していること	プロジェクト・チーム
2	依存関係を組み直し、順番を変える。たとえば、直列を並列に（ファスト・トラッキング※）	それに伴うリスクを容認できること	
3	作業をさらに細かく分解し、並行して行う（ファスト・トラッキング※）	要員を追加できること	
4	フロートのある経路からクリティカル・パスへ要員を移す（クラッシング※）	移す要員にスキルがあり、時間を割けること	
5	障害を取り除く	優先順位が高いこと	組織の上層部
6	時間外勤務、シフト、要員の増加や外注に出す（クラッシング※）	追加予算が承認されること	スポンサー、財務部門
7	別の方法や新技術を使う「時間をお金で買う」	追加予算が承認されること	
8	品質を落とす	スポンサーの承認が得られること	スポンサー
9	スコープを削減する	スポンサーの承認が得られること	

出典：『PMBOK®ガイド』

※ { ファスト・トラッキング（Fast Tracking）：ネットワークを変更して短縮する。
クラッシング（Crashing）：コストをかけて短縮する。

5 マイルストーン

　プロジェクトの実施には節目にあたるような、重要な期日がいくつかある。たとえば、プロジェクト成功のカギとなる重要な作業の終了日、状況報告会の開催日、承認を取りつける期日などだ。プロジェクトの全体像を把握するには、こういう期日にはとくに注意する。

　そういう期日を、「マイルストーン（里程標・一里塚）」というが、作業ではないので、所要期間は0だ。集中すべき通過点といってよい。マイルストーンは、スケジュールを簡略にし、重要な期日のみを抜き出したもので、経営陣への報告などに有効に使うことができる。

　マイルストーンは、チャート上に記号 ◇ で示す方法と、期日をリストにするものがある。**図表5 - 13** と**図表5 - 14** でそれぞれの表示方法を使っているが、両者ともに同じ内容を示している。

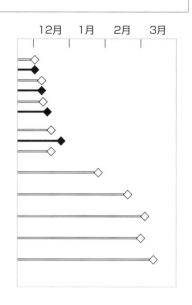

	12月	1月	2月	3月
プロジェクト・チームの発足、キックオフ				
プロジェクト計画書の完成				
プロジェクト計画書のプレゼンテーション				
プロジェクト計画書の承認				
プロジェクト作業開始				
レイアウトの変更作業の完了				
電気・ネットワーク作業の完了				
内装関連作業の完了				
外装関連作業の完了				
入居準備完了の報告				

◇ 計画
◆ 実績

図表5-14　マイルストーン・リスト

	計画	実績
プロジェクト・チームの発足、キックオフ	12月1日	12月1日
プロジェクト計画書の完成	12月11日	12月11日
プロジェクト計画書のプレゼンテーション	12月12日	12月17日
プロジェクト計画書の承認	12月20日	12月25日
プロジェクト作業開始	12月17日	
レイアウトの変更作業の完了	1月31日	
電気・ネットワーク作業の完了	2月20日	
内装関連作業の完了	3月10日	
外装関連作業の完了	3月10日	
入居準備完了の報告	3月15日	

6 [演習]
スケジュールを作る

あなたのプロジェクトのスケジュールを作りなさい。

進め方

①ガント・チャート（148〜149ページ）の左端にワーク・パッケージ
の識別コードを書き込む。

②それぞれの作業の最早開始△、最早終了▽、所要期間――を記入す
る。

③クリティカル・パス上にない作業には、フロート \\\\\\\\ と最遅終
了▽を記入する。

④タテ線で作業の前後の依存関係を示す。

⑤クリティカル・パスを示す（太線かカラーペン）。

図表5-15　ガント・チャート

識別コード	1	2	3	4	5	6	7	8	9	10	11	12	13	14	15	16	17	18	19	20	21	22	23	24	25

| | 1 | 2 | 3 | 4 | 5 | 6 | 7 | 8 | 9 | 10 | 11 | 12 | 13 | 14 | 15 | 16 | 17 | 18 | 19 | 20 | 21 | 22 | 23 | 24 | 25 |

氏名

	25	26	27	28	29	30	31	32	33	34	35	36	37	38	39	40	41	42	43	44	45	46	47	48	49	50	51	52

STEP
5

バランスのとれたスケジュールを作る

	25	26	27	28	29	30	31	32	33	34	35	36	37	38	39	40	41	42	43	44	45	46	47	48	49	50	51	52

エスカレーションの鉄則

　プロジェクトには問題がつきものだ。スケジュールや予算に不確実性があり、プロジェクトの状況が刻々変わることを考えれば、問題は起きて当然といってよい。そして自分の手に負えないことは、早めにエスカレーションせよ、とプロジェクトマネジメントは教えている。

　そんなとき、未熟なメンバーがやりがちなのは、上司のところに駆けよって、「たいへんです。どうしましょう」と指示を仰ぐことだ。これでは、本人の成長は期待しがたい。解決策を自分の頭で考えず、考えることを上司に丸投げしているからだ。

　こんなときプロは、①課題の説明、②推奨案の提示、③根拠の説明、の3つで対処する。

　「課題の説明」では、ことの重要性と緊急度を簡潔に伝える。次に、「推奨案の提示」だ。結論を先に言うのは、ビジネスの常識である。ここで、上司の合意が得られれば、そのあとの「根拠の説明」はスキップし、推奨案を実行に移せばよい。

　上司の合意が得られなければ、判断の根拠を示して、説得する。この場合、解決策をあらかじめ3つ作り、それぞれにつき「長所」(Pro)と「短所」(Con)を一覧表にまとめる。

　要約すると、エスカレーションは"What"ではなく、"How about"で選択肢を提示することが鉄則である。

メンバーの負荷をならす

1 メンバーの負荷を把握する

　メンバーの負荷を調整するために、まず現状を把握する。これには、次の3つの方法がある。

- メンバーの担当をガント・チャートに書き込む
- メンバーの負荷の自己申告をガント・チャートに書き込む
- メンバーの負荷を算出してガント・チャートに書き込む

　こうして得た結果に基づいて、負荷を調整・平準化する。まず、この3つの方法で、負荷の把握をしてみよう。

メンバーの担当をガント・チャートに書き込む

　すでに作った責任分担表（**図表4-3**、85ページ）に基づいて、ガント・チャートの所要期間を示すヨコ棒（ガント・バー）の上に、担当するメンバーの名前を記入する（**図表5-16**）。このとき、責任者P、支援者Sの区別をせず、名前のみを記入する。ここでは、令和企画のプロジェクトで山本さんを例にとって、負荷をみてみよう。

　山本さんは、開始から4週は作業A1のみを担当するが、そのあと2つの作業D1、B1を担当する期間、さらに3つの作業D2、C2、B2を担当する期間があることがわかる。しかし、いつどれだけの負荷がかかるかはわからない。他のメンバーの担当も、ガント・バーの上に、名前を書き込んで示すことができるが、いつどれだけの負荷がかかるかはわからない。

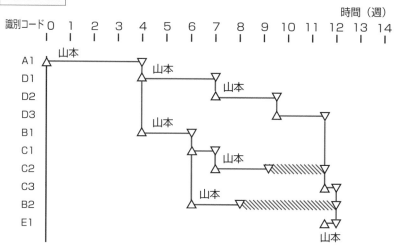

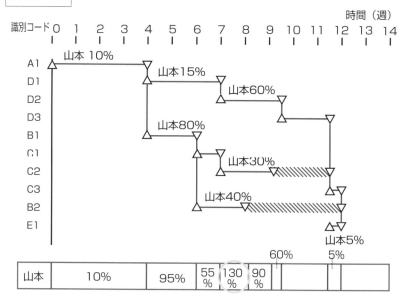

山本	10%		95%	55 %	130 %	90 %					

152

メンバーの負荷の自己申告をガント・チャートに書き込む

　今度は、メンバーの負荷を推測して、それをガント・チャートに記入してみよう（**図表5 - 17**）。山本さんが担当するそれぞれの作業にどれだけの時間を割く必要があるか、本人の推測を尋ねる（持ち時期を100％として、何％か？）。そうして得た自己申告の値をガント・バーの上に記入する。

　ガント・チャートの下に枠を設け、作業の節目で分けて、それぞれの時期ごとに、山本さんの割く時間の推測を合計した。これにより、山本さんには7週目の1週間、130％ほどの負荷がかかることが推測できる。ただし、この推測が正しいのか、また他に問題がないのかについてはわからない。

メンバーの負荷を算出してガント・チャートに書き込む

　次に、各メンバーの負荷を算出して、ガント・チャートに記入してみよう（**図表5 - 18**、**5 - 19**）。ステップ3で各メンバーがそれぞれ引き受けた作業工数をもとに所要期間を見積もった（**図表4 - 7**、94ページ）。その場合、個人の作業工数の見積りは、当人が1週間にこなす作業工数を1.0とした。これを作業の所要期間で割ると、所要期間にわたってどれだけの負荷がかかるかを算出できる。言い換えると、個人の負荷（％）は、所要期間にわたって単位時間あたりそのメンバーが実施する作業工数のことであり、次の式で求められる。

　　個人の負荷（％）＝ 個人の作業工数 ÷ 所要期間

　山本さんの負荷は、作業A1にわたり12.5％（＝ 0.5 ÷ 4.0）、B1では100％（＝ 2.0 ÷ 2.0）、B2では50％（＝ 1.0 ÷ 2.0）などであり、ガント・チャートに記入すると**図表5 - 19**のようになる。ガント・チャートの下の枠には、期間を区分して、山本さんの負荷の合計を記入した。

図表5-18

識別コード	作業内容（○○を××する）	山本正一	見積り所要期間（週）	個人の負荷（算出）
A1	レイアウトを変更する	S 0.5	4.0	12.5%
B1	電源を変更する	S 2.0	2.0	100%
B2	電気機器を設置する	P 1.0	2.0	50%
C1	電話回線を接続する		1.0	
C2	ネットワークを設置する	P 1.0	2.0	50%
C3	コンピュータを設置する		0.5	
D1	内装を変更する	S 0.5	3.0	16.7%
D2	パーティションを設置する	P 2.5	2.5	100%
D3	オフィス家具を設置する		2.0	
E1	看板を設置する	S 0.1	0.5	20%

図表5-19

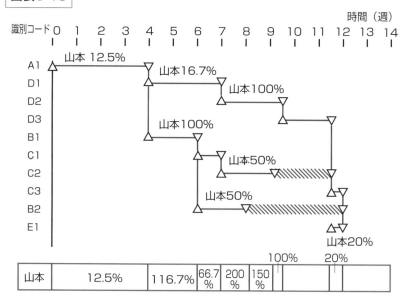

山本	12.5%			116.7%	66.7%	200%	150%			

これをみると、開始から 4 週間の山本さんの負荷は12.5%であるが、次の 2 週間は116.7%と100%を超えている。また、7 週間目からは、200%、150%、100%と引き続いて、100%を超えている。また、最後の0.5週には、20%を担当するが、その前には何も担当していない期間もある。

同じようにして、他のメンバーの負荷も求めることができる。全メンバーの負荷を下に一覧で示そう。

図表5-20

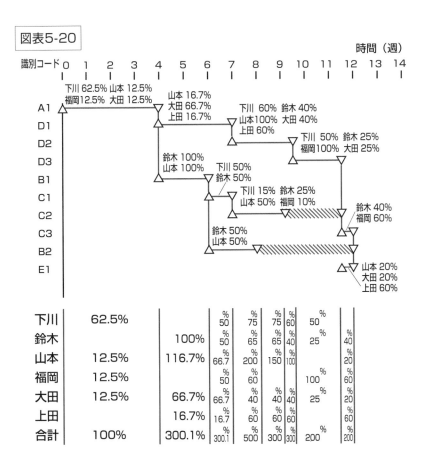

					50%	75%	75%	60%		50%		
下川	62.5%				50%	75%	75%	60%		50%		
鈴木		100%			50%	65%	65%	40%		25%		40%
山本	12.5%	116.7%			66.7%	200%	150%	100%				20%
福岡	12.5%				50%	60%			100%			60%
大田	12.5%	66.7%			66.7%	40%	40%	40%		25%		20%
上田		16.7%			16.7%	60%	60%	60%				60%
合計	100%	300.1%			300.1%	500%	300%	300%		200%		200%

155

負荷を図示する

　メンバーの負荷を図示する方法には、数字によるデジタル表示、メーターによるアナログ表示、ヒストグラム（度数分布図）の3つがある。あるメンバーの負荷が第1週に80%、第2週に150%、第3週に60%、第4週に40%、第5週に120%だったとしよう。これを3つの方法で表示すると、それぞれ次のようになる。

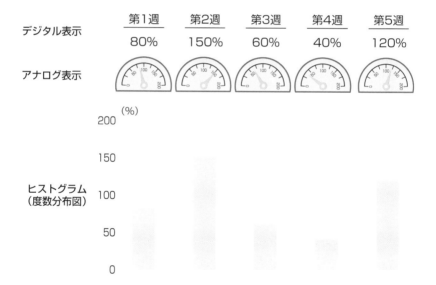

　3つの方法のうち、プロジェクトマネジメントの実務でとくに有効なのがヒストグラムだ。そこで、本書ではヒストグラムを使い、タテ線を2層に色分けすることを推奨する。タテ線の長さで負荷が直接示されるだけでなく、2層にすることで問題点が際立つ。そして、時間

軸を合わせたガント・チャートと並べれば、クリティカル・パスの箇所やフロートの有無などがわかり、打ち手が考えやすくなるからだ。

山本さんの負荷をヒストグラムにまとめたのが、**図表5-21**である。日本語の「山積み」そのものといってよい。

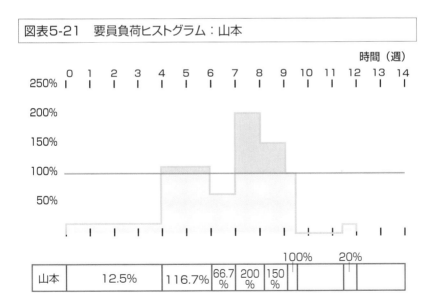

図表5-21　要員負荷ヒストグラム：山本

山本	12.5%	116.7%	66.7%	200%	150%				

事例のすべてのメンバーの負荷を算出し、それをヒストグラムにあらわすと**図表**5-22のようになる。これでみると、山本さんほどではないが、鈴木さん、福岡さんの負荷が大きく、一時期100％に達している。また、大田さんはプロジェクトの全期間にわたって、何らかの作業を担当していることがわかる。

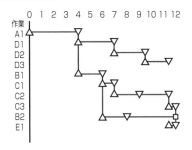

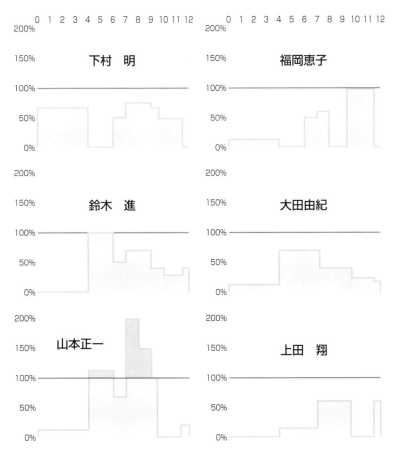

3 負荷をならす方法

　メンバーの負荷の現状がわかったら、その凸凹の調整を考える。メンバーは、定常業務や別のプロジェクトなど、このプロジェクト以外の役割を引き受けていることも考えられる。こうしたことや、作業に要求されるスキル、実行する順番・時期などを考慮しながら弾力的に判断していく。

　ただし、個人の負荷が一定のレベルを超える場合には、当然、負荷の調整を行おう。日本語でいう「山崩し」を実施するわけだ。負荷をならした結果、全プロジェクトの終了期限を遅らせることが必要となる場合もある。

9つの方法

　負荷をならす具体的な9つの方法を、以下にまとめる。

　①作業をフロート部分に移して、過度な負荷を取り除く。この場合、他のメンバーの過度な負荷とならないように注意すること。

　②作業期間をフロート部分にまで延ばして、過度な負荷を取り除く。この場合、他のメンバーの過度な負荷とならず、最遅終了を超えないこと。

　③作業の期間内で負荷の軽重を調整する。

　④時間に余裕がある他のメンバーに担当を変える。この場合、引き受けるメンバーが適切なスキルをもつことを確認する。

　⑤依存関係を組み直し、開始を早める。または、終了を遅らせる。この場合、それにともなうリスクを見極めること。

⑥要員を増やす。残業・時間外勤務をする。この場合、予算の増額の承認をとること。

⑦新技術を導入する。この場合も、予算の増額の承認をとること。

⑧クリティカル・パスを延ばし、プロジェクトの終了期限を延期する。この場合、スポンサーの承認をとること。

⑨スコープを削減する。この場合も、スポンサーの承認をとること。

上の９つの方法のうち、①から⑤まではプロジェクト・チームが独自の判断で実行できる。しかし、⑥と⑦は財務部門と、そして⑧と⑨はプロジェクトのスポンサーと打ち合わせし、承認を取りつけてから、実行すること。

ここに紹介した９つの方法を**図表5-23**にまとめておこう。ここでも、QCDのバランスをとることの意味が確認できる。プロジェクトの課題を解決するには、狭い視野にとらわれることなく、広い視野で考えることが大切である。

STEP
5
バランスのとれたスケジュールを作る

図表5-23　負荷をならす方法（資源最適化※）

	具体的方法	留意点	判断は？
①	作業の開始・終了をフロート部分に移す（資源円滑化※）	他のメンバーの過度な負荷にならないこと	プロジェクト・チーム
②	作業の開始・終了をフロート部分まで延長する（資源円滑化※）	他のメンバーの過度な負荷とならず、最遅終了を超えないこと	
③	作業の期間内で負担の軽重を調整する（資源円滑化※）	要員を柔軟に配置できること	
④	他のメンバーに負担を変える	移す要員にスキルがあり、時間を割けること	
⑤	作業の依存関係を組み直す	これにともなうリスクを見極めること	
⑥	要員を増やす。残業・休日出勤をする	追加予算が承認されること	スポンサー、財務部門
⑦	新技術を導入する	追加予算が承認されること	
⑧	クリティカル・パスを延ばし、プロジェクトの終了期限を延長する（資源平準化※）	スポンサーの承認が得られること	スポンサー
⑨	スコープを削減する	スポンサーの承認が得られること	

出典：『PMBOK®ガイド』

※ { 資源最適化（Resource Optimization）：過度な負荷を取り除く。
資源円滑化（Resource Smoothing）：クリティカル・パスを延長せずに、過度な負荷を取り除く。
資源平準化（Resource Leveling）：クリティカル・パスを延長して、過度な負荷を取り除く。

D（時間）　　C（資源）

Q（品質）

4 負荷の調整をスケジュールに反映させる

　メンバーの負荷をならすためには、スケジュールの手直しが必要になることがある。①②のようにフロートを活用したり、⑤の依頼関係を組み直したり、⑧のプロジェクトの終了期限を延長したりする場合だ。こうした手を打つことは、すでに作ったガント・チャート（**図表5-15**、148〜149ページ）のスケジュールに修正を加えることになる。つまり、負荷の調整をスケジュールに反映することで、はじめてまともなスケジュールができあがる。

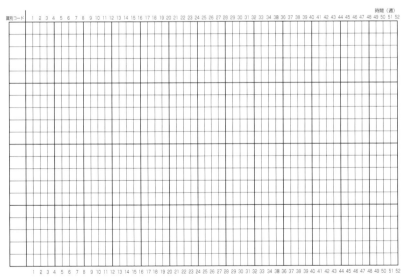

5

［演習］

負荷をならす

　あなたのプロジェクトで、あなた自身の負荷を算出し、多すぎるときには調整しなさい。

▶▶ 進め方

①要員負荷ワークシート（165ページ）を使い、自分の負荷を算出する。

②ガント・チャート（148〜149ページ）に自分の負荷を記入する。

③ガント・チャートの下の枠を区分して、それぞれの時期の自分の負荷の合計を記入する。

④あなたの負荷を要員負荷ヒストグラム（166〜167ページ）にあらわす。

要員負荷

計算式　　個人の作業工数÷所要期間＝個人の負荷

識別コード	作業工数	所要期間	個人の負荷

STEP
5

バランスのとれたスケジュールを作る

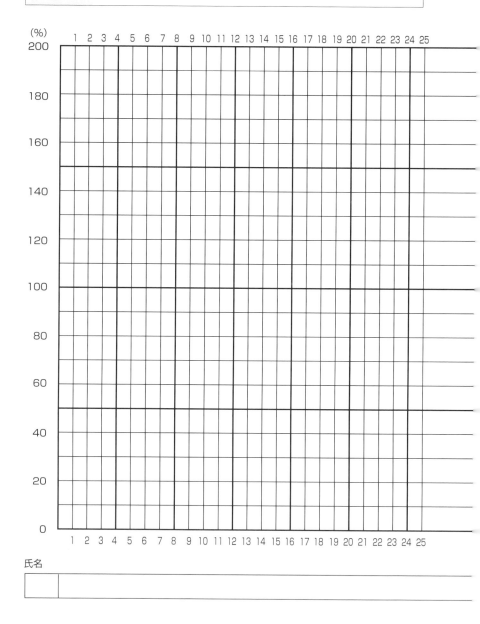

氏名

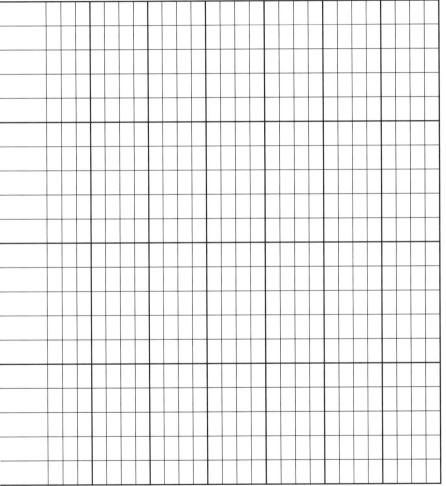

25 26 27 28 29 30 31 32 33 34 35 36 37 38 39 40 41 42 43 44 45 46 47 48 49 50 51 52

STEP
5

バランスのとれたスケジュールを作る

作業の数とスケジュールの階層化

複雑な大型プロジェクトではWBSで洗い出す作業（ワーク・パッケージ）の数が膨大になり、1人の人間がコントロールできる範囲を超えることになりかねない。ワーク・パッケージの数はどれぐらいが妥当なのだろう？

この問いに対し、あるベテランはその経験から「200まで」といい、別のベテランは「パソコン・スクリーンで一画面に収まる数」という。どうやら、たった1つの正解は見あたらない。それぞれの組織が体験を通して独自に蓄積すべきノウハウであり、『PMBOK®ガイド』でいう「組織の知的資産」である。

しかし、こういう議論を集約すると、各人がそれぞれの立場で自分がコントロールできる数に作業数を絞り込み、それをガント・チャートで階層化する方法が浮き彫りになる。

たとえば、プロジェクト・マネジャーが全体を見渡せるガント・チャートをまとめる（大日程）。そのうちの1つの部分を引き受けたメンバーが、そこについて詳細なガント・チャートを作る（中日程）。さらにその1つの部分を担当するメンバーが、そこについて詳細なガント・チャートを作る（小日程）というものだ。

その上で、下の階層で問題が発生したら、上の階層に持ち上げること（上申、エスカレーション）で、相談し、指示を仰ぎ、コミュニケーションを図ることになる。

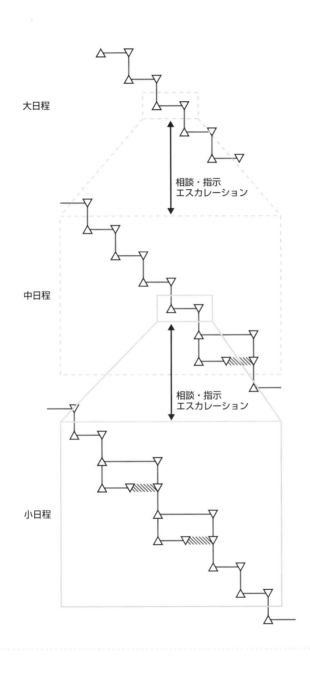

大日程

相談・指示
エスカレーション

中日程

相談・指示
エスカレーション

小日程

山積みと山崩し

▶ 負荷を把握する（山積み）

　スケジュールができたら、各チーム・メンバーについて「いつ、どれだけの作業負荷がかかるか」を調べる。

　それには、作業負荷をパーセンテージでとり、それをヒストグラムに表すと、作業負荷の凸凹が一目瞭然だ。たとえば、午前9時から午後5時までの勤務時間を100%とすると、それを超える期間については何らかの手を打たなければならない。

▶ 負荷をならす（山崩し）

　下の例で山田さんの負荷は、当初計画では4〜5週目に180%にのぼる。しかし、ガント・チャートを見ると、該当する作業のすぐ後にフロートがあることがわかった。そこで、この作業の実施時期をフロート部分に移せば、過度な負荷をなくすことができる。

要員負荷ヒストグラム

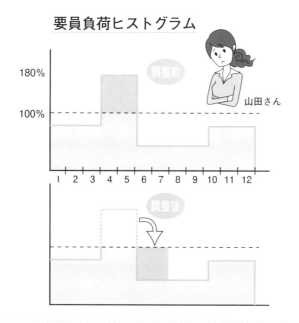

予算、その他の計画を作る

　ステップ6では、予算と品質、ステークホルダー、コミュニケーション、資源、調達を取りあげる。

　プロジェクトの実行にあたっては、しっかりした予算を作り、プロジェクトの全期間にわたって、その推移を見る。そして、実際かかる経費の累積が当初の予算額から一定の範囲に収まるように管理する。

　その他の計画についてもその要点に触れよう。

1 予算の作成と管理

　プロジェクトの予算の取り扱い方にはさまざまある。たとえば、社内のプロジェクトで、社員がプロジェクト・チームのメンバーとなる場合、その人件費を社員が所属する部門の経費とは切り分けて予算化することもあるが、それほど厳密に扱わないときには、人件費を社員が所属する部門の経費とすることもある。管理費などについても、その切り分け方は、その企業やプロジェクトにより、ケース・バイ・ケースで決めている。

　ここでは、プロジェクト関連の経費をすべて切り分ける場合をみてみよう。

◈ 費目を決める

　予算を作るには、まず、プロジェクトに必要な費目（勘定科目）を決める。これには、プロジェクトの特性やプロジェクト・チームの構成などから、いろいろな切り口がある。典型的な項目には次のようなものがある。

- 人件費
- 設備費
- 材料費
- 管理費
- 外注費
- コンサルタント費
- 予備費

人件費を求める

　人件費は、要員負荷データから算出する。まず、チームのメンバーの時間当たりの単価（業界によっては「単金<ruby>たんきん</ruby>」ともいう）に延べ時間数をかけて、それぞれのメンバーの人件費を算出する。それをすべてのメンバーについて行い、足し合わせて人件費の合計を求める。

時間当たりの単価 × 延べ時間数＝人件費 1
＋ 時間当たりの単価 × 延べ時間数＝人件費 2
＋ 時間当たりの単価 × 延べ時間数＝人件費 3
　　　　　：　　　　　　　：　　　　：
　　　　　：　　　　　　　：　　　　：
————————————————————————————
人件費合計

経費を見積もる

　それぞれの項目にいくらの経費がかかるかを見積もるには、3つの方法がある。

　まず、過去のプロジェクトの実績をもとに、チームのメンバーの経験から見積もる方法。第2に、作業分割図の各作業の予測費用を1つひとつ算出し、それを積み上げて、ボトムアップで見積もる方法。第3に、過去の類似プロジェクトの実績から、トップダウンで見積もる方法である。

　どの方法をとるかは、プロジェクトの特性による。一般に、プロジェクトの初期の段階では見積り誤差の許容範囲は大きいが、プロジェクトの進捗にともなって、許容範囲は小さくなる。

173

◆ 予算表、予算グラフを作る

　経費項目を決めたら、それぞれの予算額を振り分け、予算表（スプレッド・シート）に記入する。この場合、各期の予算額を合計した単期の合計とその日付（○○月××日現在）までの累積の合計を設け、予算消化の実状をわかりやすくする。

　令和企画の事例を予算表とグラフにまとめると、**図表6-1**のようになる。

予算表：累計（例）

総予算23,000千円　　　　　　　　　　　　　　　　　　　　　　（単位：千円）

		1	2	3	4	5	6	7	8	9	10
人件費	予算	400	1,200	2,000	3,200	4,800	6,900	7,700	8,300	9,200	10,200
	実績										
装置費	予算	0	600	1,200	2,800	5,400	7,600	8,000	8,200	8,400	8,400
	実績										
材料費	予算	300	500	700	1,400	2,600	3,400	3,800	4,000	4,200	4,400
	実績										
合　計		700	2,300	3,900	7,400	12,800	17,900	19,500	20,500	21,800	23,000

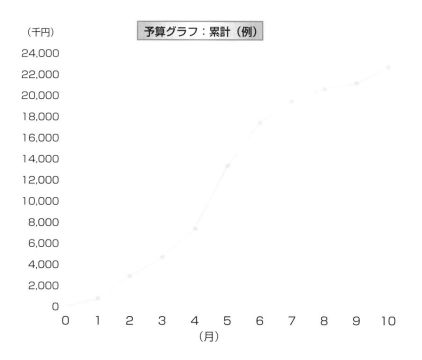

予算グラフ：累計（例）

（千円）

（月）

STEP 6 予算、その他の計画を作る

175

2 [演習]
予算を作る

　あなたのプロジェクトについてステップ6に従って、予算を作りなさい。

▶ **進め方**

①プロジェクトの費目を5〜6個決める。

②多額の出費が予想される項目を1つ選ぶ。

③その項目について、予算表を作る。

④その項目について、予算グラフを作る。

3 アーンド・バリュー・マネジメント（EVM）

　この項はやや専門的になるので、必要がなければ読み飛ばしてもかまわない。

　プロジェクトの現状を把握し、報告するのは厄介なことだ。スケジュールが順調だと安心していたプロジェクトの予算が大赤字だったり、予算内で推移していると思っていたプロジェクトのスケジュールは大幅に遅れていたなどということが珍しくない。進捗会議の席上、「とにかく総力を結集して頑張っています」などと、（よく考えると）意味不明のやり取りが行われることも少なくない。こうした背景には、プロジェクトがいわば不定形で、とらえどころがないことがある。スケジュールと予算を一元的に把握する手立てがなく、メトリックス（評価尺度）が確立していないのだ。

　大気の状況を把握し報告するには、「温度計・湿度計」を使う。温

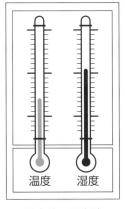

温度計・湿度計

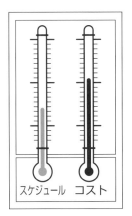

スケジュール計・コスト計

図表6-2　アーンド・バリュー・マネジメントのメトリックス

スケジュール差異（SV）	コスト差異（CV）
正の値（＋）なら早めの進捗 負の値（−）なら遅れ 0（ゼロ）なら予定通り	正の値（＋）なら予算アンダー 負の値（−）なら予算オーバー 0（ゼロ）なら予算通り

スケジュール効率指数（SPI）	コスト効率指数（CPI）
1.0を超えているなら早めの進捗 1.0未満なら遅れ 1.0なら予定通り	1.0を超えているなら予算アンダー 1.0未満なら予算オーバー 1.0なら予算通り

度が18°Cで湿度が40〜60％なら快適といえるだろう。大気の状況は「温度計・湿度計」の2つの目盛りを読めば、瞬時に把握できる。そこには、主観的な判断をさしはさむ余地はない。プロジェクトについても、これと同じように、スケジュールと予算を一元的に把握し、メトリックスで表示・報告しようという手法がアーンド・バリュー・マネジメント（EVM）である。

　アーンド・バリュー・マネジメントは、米国国防省の調達活動に端を発してから、日本でも採用が広がった。企業内プロジェクトの報告にアーンド・バリューが使われてきている。

　アーンド・バリュー・マネジメントの代表的なメトリックスは、それぞれ次のことを意味する。たとえば、SV（Schedule Variance、スケジュール差異）とCV（Cost Variance、コスト差異）を取りあげると、SVが＋50万円、CVが＋30万円なら、スケジュールは50万円分早めに進捗しており、予算は30万円安く済んでいることを意味する。また、SVが−20万円、CVが−10万円なら、スケジュールは20万円分遅れて

おり、予算は10万円オーバーしていることになる。

　一方、SPI（Schedule Performance Index、スケジュール効率指数）とCPI（Cost Performance Index、コスト効率指数）についてみると、SPIが1.2、CPIが1.1なら、スケジュールは当初予定より20％早めに進捗しており、予算は当初予定より10％だけ安く済んでいることを意味する。また、SPIが0.9、CPIが0.95なら、スケジュールは10％遅れており、予算は5％オーバーしている。

　このように、EVMではスケジュールも予算も金額で換算する。つまり、1つひとつの作業を金額に置き換え、時間もコストも金額で表す。まさに、「タイム・イズ・マネー」ということになる。大気の状況を把握し報告するのに「温度計・湿度計」を使うように、プロジェクトの状況を把握し報告するのに「スケジュール計・コスト計」を使おうというわけだ。

　EVMの長所には、プロジェクトの現状をスケジュールと予算について一元的に瞬時に把握できること、メトリックスで定量化されているので客観性が高いこと、共通のメトリックスとして金額を使うのでステークホルダー間で納得性が高いことなどがあげられる。

　EVMを使えば、プロジェクトの将来を予測することも可能になる。プロジェクトの現状をもとに、最終的にはいくらかかるのか（ETC：残作業コスト見積り、EAC：完成時総コスト見積り）、さらにいつ終わるのかなどを予測することができるのである。その様子をあらわすには、**図表6-3**のようなSカーブを使うのが普通だ。

　EVMの基礎となる値には、PV（プランド・バリュー、計画価値）、BAC（完成時総予算）、EV（アーンド・バリュー、出来高）、AC（実コスト）などがあり、こうした値を公式に当てはめて、メトリックスを算出する。

　EVMのおもな公式を**図表6-4**にあげておこう。

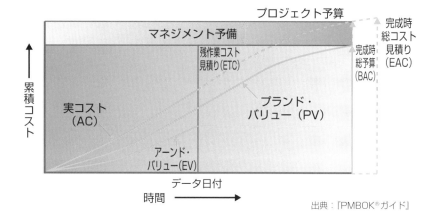

図表6-3　実績報告の例

プロジェクト予算

マネジメント予備

完成時
総コスト
見積り
(EAC)

残作業コスト
見積り(ETC)

完成時
総予算
(BAC)

実コスト
（AC）

プランド・
バリュー（PV）

累積コスト

アーンド・
バリュー(EV)

データ日付

時間

出典：『PMBOK®ガイド』

図表6-4　EVMの主な公式

スケジュール差異 (Schedule Variance)	SV＝EV－PV
コスト差異 (Cost Variance)	CV＝EV－AC
スケジュール効率指数 (Schedule Performance Index)	SPI＝EV／PV
コスト効率指数 (Cost Performance Index)	CPI＝EV／AC
完成時差異 (Variance at Completion)	VAC＝BAC－EAC
残作業コスト見積り (Estimate to Complete)	ETC＝BAC－EV（偶発差異を折り込んだケース） ETC＝（BAC－EV）／CPI（差異を反映したケース）
完成時総コスト見積り (Estimate at Completion)	EAC＝AC＋ETC（新規見積りを用いたケース） EAC＝AC＋BAC－EV（残予算を用いたケース） EAC＝AC＋（BAC－EV）／CPI（累積CPIを用いたケース）

2種類の予備費

予備費には2つの種類がある。

1つは「コンティンジェンシー予備」といわれるもので、その額は作業コスト見積りの総額（コスト・ベースライン）に対し、別枠で一定の割合（たとえば10〜15%など）とするのが一般的だ。プロジェクト・マネジャーはこの予備費をリスク事象の発生に対応するために取り崩すことができる。

もう1つの予備費は、経営陣がプロジェクト予算とは別に準備するもので、「マネジメント予備」といわれるものだ。まったく想定外の事態には、プロジェクト単体では対応できないことがある。スコープやコストの変更を余儀なくされたときなどに備えるためのものである。マネジメント予備は、プロジェクト・マネジャーの判断で取り崩すべきものではなく、経営陣の承認が必要となる。

プロジェクト予算の構成要素

出典：『PMBOK®ガイド』第7版

181

4 品質計画を作る

　品質（Quality）はプロジェクトマネジメントの3つの要素（「三大制約条件」）の1つであり、成果物に明確に規定する。

　品質はわが国の強みであり、プロジェクトマネジメントの観点から新たに付け加えるまでもないかもしれない。しかし、プロジェクトの世界でも、次の原則が一般化してきていることを確認しておこう。

① 品質は顧客満足の中心にある
② 検査より予防が肝心：検査で不良品をはじき出すのではなく、生産プロセスでの作り込みで、不良の発生を未然に防ぐ
③ 継続的改善
④ 品質は経営者の責任

　さらに、QC7つ道具をしっかり理解し、適宜、使いこなすことが求められる（**図表6-5**）。

図表6-5　QC7つ道具

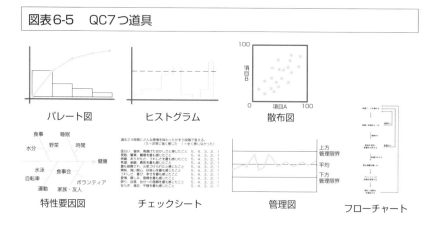

パレート図　　　ヒストグラム　　　散布図

特性要因図　　　チェックシート　　　管理図　　　フローチャート

5 ステークホルダー計画を作る

関係者の感情に配慮するため

　プロジェクトを発案するのも、計画・実行するのも人である。プロジェクトに関わる人は内外に大勢いて、プロジェクトへの関心も参加の度合いもさまざまである。こういう関係者をひっくるめて「ステークホルダー（利害関係者）」という。

　図6-6にプロジェクト・マネジャーを中心にしたステークホルダーの位置づけをイメージで示した。

　ここにあるように、プロジェクト・スポンサーとプロジェクト・メンバーをはじめとして、1つのプロジェクトには大勢のステークホルダーが存在する。

　ステークホルダーの1人ひとりが生身の人間であり、個々の事情を抱える感情の生き物ある。感情や社内政治が絡まると、プロジェクトの計画と実行を難しくする面もある。

　そこで『PMBOK® ガイド』では、ステークホルダーを影響力と関心度の2つの軸で分類することをすすめている。影響力と関心度の両方が高い人は注意深くマネジメントし、影響力は低いが関心度が高い人には常に情報を与える。影響力は高いが関心度が低い人は満足な状態に保ち、影響力も関心度が低い人は監視する、というわけだ。

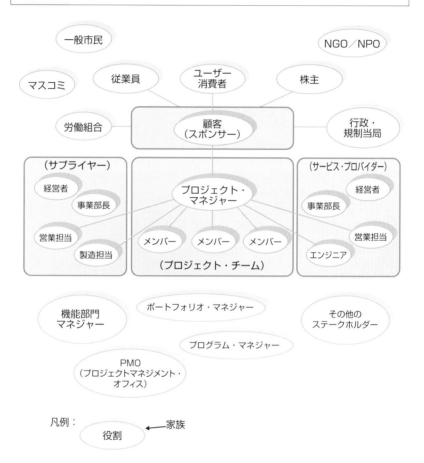

図表6-6　プロジェクト・ステークホルダーのいろいろ

一般市民

NGO／NPO

マスコミ

従業員

ユーザー
消費者

株主

労働組合

顧客
（スポンサー）

行政・
規制当局

（サプライヤー）

経営者

事業部長

営業担当

製造担当

プロジェクト・
マネジャー

メンバー　メンバー　メンバー

（プロジェクト・チーム）

（サービス・プロバイダー）

経営者

事業部長

営業担当

エンジニア

機能部門
マネジャー

ポートフォリオ・マネジャー

その他の
ステークホルダー

プログラム・マネジャー

PMO
（プロジェクトマネジメント・
オフィス）

凡例：

役割

家族

賢者のアドバイス

Q：「人間が月に行く時代に、なぜ地上では戦争が絶えな
　　いのか？」
A：「地球と月の間には、人間がいないからだ」

（永井 陽之助 氏）

6 コミュニケーション計画を作る

　プロジェクトがうまく行かない理由の１つに、報告のルート、配付先、種類、内容、頻度が定まらないことがある（22ページ）。コミュニケーションのとり方は、プロジェクトによりさまざまであるが、あらかじめ、しっかり計画しておくことが大切だ。

　あるプロジェクトのコミュニケーション計画を表にしたものを紹介しよう。プロジェクトのコミュニケーションについて、ルート、配付先、種類、内容、頻度が検討されている。たたき台として活用してもらいたい。

	経営陣	直属の上司	チーム・メンバー
ルート	月例会議 Eメール	必要に応じて	定例会議 （毎週および毎月）
配付先	担当秘書に 重要性を明記する	求めるもの	本人、関係する人
種類	口頭、文書	求めるもの	口頭、文書 （毎週の報告書）
内容	全体像、 問題点と解決策	求めるもの	別途、決める
頻度	月例会議および都度	中	毎週および都度

コミュニケーションとノイズ

　コミュニケーションはプロジェクトマネジメントの10の知識エリア（『PMBOK®ガイド』第6版）の1つだが、その基本モデルとノイズを見ておこう。基本モデルはメッセージの送信者Aと受信者Bとのメッセージのやり取りだ。

　コミュニケーションは媒体の上を次のように流れる。

①送信者Aが伝えたいメッセージを相手が理解できる形に置き換え（コード化）、それを受信者Bに送る

②Bはメッセージを受け取ると、意味のある形に戻す（解読）

③今度は、Bが自分の返信をコード化し、フィードバックとしてAに送る

④Aはメッセージを受け取ると、意味のある形に戻す（解読）

　だが、現実には、AとBのやり取りの中にもメッセージの伝達や

出典：『PMBOK®ガイド』第6版をもとに筆者作成

理解を妨げる「ノイズ」が作用する。ノイズには、媒体に内在するもの以外にも、距離や立ち位置の違いなど、多くのものがある。『PMBOK®ガイド』第6版では異文化のノイズとして働き方や年齢、国籍、専門領域、民族性、人種、性別などをあげている。

　ここでは異文化プロジェクトに焦点をしぼり、コンテクストの違いと思考パターンの違いを取りあげよう。

ハイコンテクストとローコンテクスト：異文化プロジェクトの勘所①

　文化的背景が異なるステークホルダーと一緒にプロジェクトを進めるとき、注意したいポイントの１つが、価値観や情報などの共有の度合いに基づくコミュニケーション・スタイルの違いだ。これをアメリカの文化人類学者、エドワード・ホールは「ハイコンテクスト文化」と「ローコンテクス文化」として整理したが、私も実務経験から、これに大いに賛同する。

　ここでいう「コンテクスト」とはコミュニケーションの基礎となる「共通の知識や体験、価値観、仕事の進め方」などのことだ。ハイコンテクスト文化とはコンテクストの共有の度合いが高い（high）文化のことだ。そこでは、あまり言葉に表すことなく、お互いの意図を察しあうことで、コミュニケーションが成立する。日本は典型的なハイコンテクスト社会といわれる。この背景には、狭い国土に、長い歴史を持つ国で、同一性の高い国民が大勢住み、情報の共有度合いが極めて高いことがある。全国紙が広く読まれ、各紙が取りあげる記事は、（失礼ながら）大差はなく、多くの国民が平日の夜にはTVの報道番組を観て、情報を仕入れる。その結果、「阿吽（あうん）の呼吸」や「腹芸」といった、言語に頼らない独特のコミュニケーション・スタイルが重視される。水を入れた２つのコップになぞらえると、２人の人がすでに相当量（たとえば80%）の情報を共有しており、合意に至るのに必要

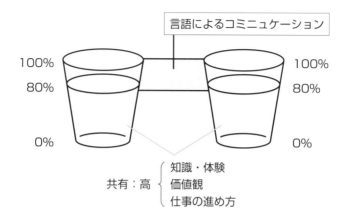

言語によるコミュニケーション

100%　　　　　　　　　　　　　　100%
80%　　　　　　　　　　　　　　80%

0%　　　　　　　　　　　　　　0%

共有：高 ｛ 知識・体験
　　　　　　価値観
　　　　　　仕事の進め方

な言語コミュニケーションの量はあまり多くはない（20％）。

　一方、ローコンテクスト文化ではコンテクストの共有の度合いが低い（low）。アメリカ合衆国がその典型である。国土が広く、国としての歴史が短く、大半の国民の出自は移民で、世界中の他のいろいろな地域からやってきた人たちだ。それだけに、情報の共有度合いは低く、コップの中の水は少ない（たとえば20％）。そこで、合意に至るには相当量（80％）の水を入れてコップをフルに満たすことになる。つまり、コンテクストに依存できないぶん言語によるコミュニケーションが求められる。そこで会社経営では、ビジョンやミッション、価値観、作業手順などを文書化するのが普通であり、プロジェクトでも「プロジェクト憲章」の発行が当たり前になる。ただし、これが高じると「紙に書いていないことは話されなかったに等しい」（Nothing was spoken, unless it was written.）などという論がまかり通り、「紳士協定が成り立つ唯一の国」といわれるわが国のビジネスパーソンを辟易とさせる場面も出てくる。

　文化的出自が異なる人たちが、それぞれのスタイルを維持したままでコミュニケーションをとろうとすると、面白い展開がみられる。私の実体験を紹介しよう。米国から来日したプロジェクト・メンバーを

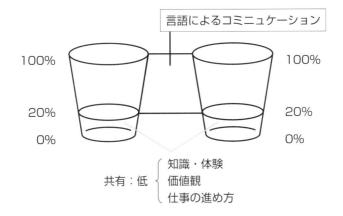

言語によるコミュニケーション

100%　　　　　　　　　　　　　　100%

20%　　　　　　　　　　　　　　20%

0%　　　　　　　　　　　　　　0%

共有：低 ｛ 知識・体験 / 価値観 / 仕事の進め方

日本人ビジネスパーソンが空港に出迎えた。そこから一緒にタクシーに乗り込み、プロジェクトの現場に向かった。2人がタクシーの後部座席に陣取ると、米国人はいきなりポケットから財布を取り出し、そこに挟んである妻の写真を見せ、「私のかみさんだよ。美人だろう」という。それを見せられた日本人は戸惑うばかりだ。「この人、何を考えてるんだ。誰もあんたのかみさんになんか興味ないよ」というわけだ。そしてタクシーが目的地に着くまで、米国人はしゃべり続け、日本人は押し黙っている。

　思考パターンの違い：異文化プロジェクトの勘所②
　もう1つのノイズは思考のパターンに根ざすものだ。米国型を中心とするいわゆる合理的思考でビジネスを進めると、課題を明確にして1つの課題が決着したら次の課題に移るというパターンが一般的だ。たとえて言うと、ブロックを1つひとつ積み上げることで結論にたどり着く。これに対し、日本のビジネスパーソンの思考パターンは違う。日本のビジネスパーソは物事のいろいろなポイントに満遍なく目を配りながら着地点に行き着くのが得意だ。
　一例として、売り手である日本メーカーの営業担当者と、買い手の

米国の調達担当者が売買契約の交渉に臨み、スペック（仕様）から相談を始めたとしよう。その席で、買い手の米国人が「スペックの数字をもう少しタイトにしてほしい」と要望する。すると売り手である日本人は「スペックをタイトにすると納期が延びることになる」と応じる。ここで、売り手である日本人はスペックの象限から納期の象限に躊躇なく、ごく自然に移る。ところが買い手の米国人はここで混乱する。スペックの話が完結していないのに別の象限に移るのは筋が通らないからだ。でも、彼（彼女）は「ここが我慢のしどころ。日本人は自分たちと少し違うと聞いている」というわけで、スペックの話題が生煮えのまま、納期の話題に移る。

　納期の話題の中で、買い手の米国人が「納期を1週間早められないか」と打診する。すると売り手の日本人は「納期を早めることはサポートに影響する」と、今度はサポートの象限にしなやかに移動する。ここで、買い手の米国人はふたたび混乱し、ムッとした顔をする。納期が完結していないにもかかわらず、無理矢理、話題を変えられると思うからだ。

　売買契約の交渉の席上、同じようなやり取りが繰り返され、やがてすべを反映するはずの、価格の象限に至るまで、それが続く。

　米国型を中心とするいわゆる合理的思考では、左側のイラストのように、1つの象限に一定の結論を得てから、次の象限に進もうとする（ブロック積上げ方式）。一方、日本のビジネスパーソンの多くは、右側のイラストのように、すべてのポイントに満遍なく目配りしながら結論に至ることをロジカルと考えがちだ。この思考パターンは相手の目には、異なる象限を何の脈絡もなくグルグル回っているように映る（鳴門巻き方式）。

　こういうやり取りを通じて、それぞれが相手に対し、一方的な印象を抱きがちだ。日本人ビジネスパーソンが米国人ビジネスパーソンに抱く印象は、視野が狭いとか、全体を見ていない、融通が利かない、

ブロック積上げ方式

価格
サポート
納期
スペック

鳴門巻き方式

納期　サポート

スペック　価格

杓子定規だ……などである。また、米国人ビジネスパーソンが日本人ビジネスパーソンに抱く印象は、ロジックがない、思考が散漫である、無原則……などだ。

　異文化のノイズを乗り越える方法があるか？

　米国人経営者から日本人ビジネスパーソンへの要望としてこのように言われたことがある。それは、煎じ詰めると、①受信の確認（Acknowledgement）、②実行の確約（Commitment）、③成果（Result）の3つでコミュニケーションを組み立ててほしい、という依頼である。

7 資源計画を作る

◆ プロジェクト・チームを育成する

　プロジェクトの資源にはヒト（人的資源）とモノ（物的資源）がある。ヒトについて、役割分担と負荷の把握・調整はすでに触れた。

　プロジェクト・チームは最近、一箇所に集まって活動する（コロケーション）だけではなく、離れた場所で分散したチーム（バーチャル・チーム）で活動するケースも増えてきた。母国語や文化的背景が異なるメンバーをとりまとめて行う場合には、相応のしくみと配慮が必要になる。

　チーム育成のプロセスには、「タックマン・モデルの５段階」がある。すなわち、

- 成立期：チームの顔合わせ。共通の目標が定まっていない
- 動乱期：活動を開始するが、対立が生まれやすい
- 安定期：チームの目的や進め方がまとまってくる
- 遂行期：チームが円滑で効果的に機能し、サポートし合う
- 解散期：プロジェクト終了などで、チームが解散する

　すべてのプロジェクト・チームが一様にこの５つのステップをたどるわけではないが、チーム育成にあたっては参考とすることができる。

物的資源を投入する

物的資源（材料、装置、など）は大量に生産や発注をすると、コストが安くなる。しかし、在庫量が大きくなると、保管コストがかさむことになる。そこで、プロジェクトでは、この両者のバランスが要求される。

ロットサイズを決める方法としては、「経済的発注量（EOQ：Economic Order Quantity）」がある。

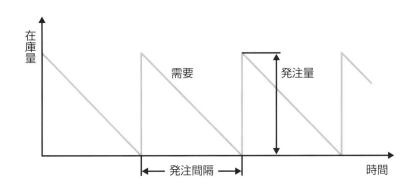

現場からの声

「今の若い人がうらやましい。プロジェクトマネジメントの手法を学べるからだ。私が若かったときには、確たる手法がないまま、迫りくる納期を感じつつ、竹槍でミサイルに立ち向かうようなことをしていた」

X氏（ベテラン・プロジェクト・マネジャー）

8 調達計画を作る

　プロジェクトの実施のためには、材料や機器、人のサービスを調達するために、売買契約やサービス契約を結ぶことが少なくない。購入者と納入者が合意した権利義務は、契約という形で文書化し、両者が署名・押印する。

　プロジェクトの契約形態のおもなものを取りあげよう。

　『PMBOK® ガイド』では、①定額契約、②実費償還型契約、③単価契約の3つに大別している。わが国で用いられている契約の大半は、①定額契約か、③単価契約である。しかし、今後、グローバル化のさらなる進展とともに、②実費償還型契約が増えていくと思われる。

①定額契約（Fixed-Price）

　プロジェクト全体につき「○○円ポッキリ」と一括の金額を定めるもの。「もしもコストが余ったら納入者がもらってよい、ただし足りなくなったら納入者が負担する」という原則がある。『PMBOK® ガイド』では、これをさらに次の3つに分けている。

- 完全定額契約（FFP: Firm Fixed Price）
- インセンティブ・フィー付き定額契約（FPIF: Fixcd Price Incentive Fee）
- 経済価格調整付き定額契約（FP-EPA: Fixed Price with Economic Price Adjustment）

②実費償還契約（Cost-Reimbursable）

　コストの実費を支払うとともに、別枠で報酬を追加するもので、

さらに次の3つに分けられる。

- コスト・プラス定額フィー契約（CPFF: Cost Plus Fixed Fee）

  コストの実費を支払い、その上であらかじめ合意したフィーを支払うもの。たとえば、私が米国の半導体メーカーに勤務していたとき、米国本社と日本法人の間で「コスト＋10％」という契約を結んだことがある。コストの全額を米国本社がもち、追加分の10％を日本法人の利益とするものだ。

- コスト・プラス・インセンティブ・フィー契約（CPIF: Cost Plus Incentive Fee）

  コストを実費で支払い、その上にあらかじめ定めた目標の達成度に応じて、インセンティブを支払うもの。たとえば、英仏海峡の海底を走るユーロ・トンネル発掘プロジェクトで、イギリス側から掘ったのはイギリスの会社だが、フランス側から掘ったのは日本の川崎重工業と三菱重工業だ。その際、この契約形態を採用したことが工期の9カ月の短縮につながった。

- コスト・プラス・アワード・フィー契約（CPAF: Cost Plus Award Fee）

  コストを実費を支払うとともに、納入者のパフォーマンスをもとに、購入者が別枠のアワード（報奨金）をきめるもの。

③単価契約（T&M: Time and Material）

納入資源の単価に数量をかけて金額を算出するもの。人月<ruby>ベ<rt>にんげつ</rt></ruby>ースや人日<ruby>ベ<rt>にんにち</rt></ruby>ースの契約もこれにあたる。

ここにあげた各契約形態は、購入者と納入者のリスクの大小から、おおむね**図表6-7**のように整理できる。

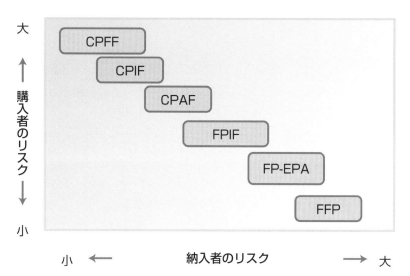

図表6-7　契約形態とリスク（イメージ）

出典：浅見淳一『プロジェクトマネジメント　理論編』（総合法令出版）から作成

リスクに備える

　計画段階の最後に、とかく忘れがちであるが、リスクへの備えをする必要がある。プロジェクトの成否を左右しかねない、重要なステップである。

　将来に起こり得る問題点でプロジェクトの成功を脅かすもの、これをリスクという。リスクへの備えを周到にしておけば、予期しない事態からのプロジェクトへの影響を削減することができる。

　対策を講じないままに、リスク事象が発生した場合、時間その他の重圧の中で的確に判断し対処するのは容易ではない。その際は、対策が後手にまわることになる。

　プロジェクトの計画段階で、リスク事象について、あらかじめ検討し、しかるべき対策を講じておくのが、ステップ7のねらいである。

1 リスク分析の方法

◆ リスクを洗い出す

　リスク分析では最初に、プロジェクトのどこにどんなリスク事象が
考えられるかを、プロジェクト・チームのメンバーで洗い出す。その
際、プロジェクトの3要素（QCD）に焦点をあてる。

**品質（Q）…プロジェクトの成果物を不良としたり、スコープを変更
　　　　　　　させたりするもの**

- 顧客要求の変更
- スケジュールの遅れや予算のオーバーによるスコープの見直し
- 品質不良の発生

**資源（C）…プロジェクトのメンバーやその他の資源が投入できなく
　　　　　　　させるもの**

ヒ　ト

- 1人だけが担当する作業
- 大勢が担当する作業
- 特殊なスキルを必要とする作業
- スキルの不足
- 病欠、メンバーの入れ替え

モ　ノ

- 装置の品質問題
- 材料の品質問題
- 装置の稼働率

カ　ネ

- 予算が不確定
- 予算の優先順位の変更
- 人件費等の高騰

時間（D）…スケジュールを遅らせるもの

- クリティカル・パス上の作業
- 複数の先行作業に後続する作業
- フロートが少ない作業
- 所要期間を楽観的に見積もった作業
- 外部に依存する作業
- 予期していなかった作業

リスクを絞り込む

リスク事象をリスト・アップしたら、それぞれについてその原因を考え、次の2つの観点から評価する。

- 発生確率…そのリスク事象が実際に起こる確率はどれほどか。
- 影響度…そのリスク事象が実際に起こった場合、プロジェクトに対する影響はどれほどか。

発生確率をタテ軸に、影響度をヨコ軸にとって、**図表7 - 1**のようなリスク・マトリックスを作り、それぞれのリスク事象が4つの象限のどこにあたるかを判断する。

この場合、マトリックスの右上の象限にあるリスク事象は、発生確率が高く、影響度も大きい。しっかりした打ち手が不可欠である。そこで、予防対策と発生時対策の両方を講じる。

リスク・マトリックスの右下の象限にあるリスク事象は、発生確率

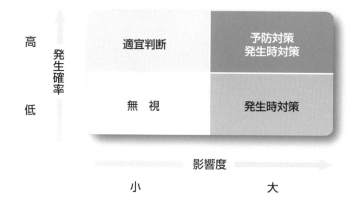

図表7-1　リスク・マトリックス

	影響度 小	影響度 大
発生確率 高	適宜判断	予防対策 発生時対策
発生確率 低	無　視	発生時対策

は低いが影響度が大きい。そこで、発生時対策を講じる。

　左上の象限にあるリスク事象は、発生確率は高いが、影響度は小さい。そこで、対策を打つかどうかはケース・バイ・ケースだ。適宜判断するわけだ。

　左下の象限にあるものは、発生確率が低く、影響度も小さいので無視してよい。つまり、そのリスク事象をいったん認識した上で、何も手を打たないと積極的に決めるわけだ。

　要するに、リスク・マネジメントのポイントは、すべてを想定し、対策は重点的に打つことだ。その際、リスク・マトリックスの右上と右下の象限にリストされるもの（影響度が大）すべてに、対策を打っておこう。

予防対策、発生時対策、トリガー・ポイントを決める

　こうして、影響度が大きいと考えられるリスク事象を中心に、リスク・マネジメント計画を作る。リスク・マネジメント計画には、次の3点を盛り込む。

- 予防対策…リスク事象の発生確率を下げるための対策
- 発生時対策…リスク事象が発生したとき、その影響度を削減するための対策。コンティンジェンシー対策とかプランBともいう
- トリガー・ポイント…発生時対策を発動する引き金（トリガー）となる状況

事例　令和企画

　令和企画のプロジェクト・チームでは、リスク事象の1つとして「社外に発注したキャビネットが指定した納期までに納入されない」ことを取りあげた。その発生確率は高く、影響度も大きい。だから、予防対策と発生時対策の両方が必要である。

　その原因には、「1．要求仕様が細かすぎて業者が対応できない」こと、「2．納期が厳しすぎて業者が対応できない」ことの2つが考えられる。

　そこで、予防対策として、1について、仕様は汎用品を中心とし（1-a）、さらに、業者選定を厳しく行う（1-b）こととした。2については、発注を早める（2-a）とともに、定例会議で進捗を確認する（2-b）こととした。

　ただし、それだけでは安心できないので、発生時対策として、指定日より2週間後を納期としたバック・アップの計画を用意し（3）、さらに、既存のキャビネットを暫定利用する計画を準備した（4）。

　そして、発生時対策のトリガー・ポイントとして、指定納期の2週間前に状況を確認し、期日までの納品が間に合わないと判明したとき（3-1）と、バックアップの納期にも間に合わないと判明したとき（4-1）の2つを設定した。

　この一連のリスク・マネジメント計画を、図表7-2の「ワークシート」にまとめてみる。

リスク事象

（および影響を受ける作業）：

※外部発生したキャビネットが指定した
　納期までに納品されない

→発生確率：高

→影響度：大

		影響度 小	影響度 大
発生確率	高	適宜判断	予防対策 発生時対策
	低	無　視	発生時対策

リスクの原因：

1. 要求した仕様が、個別に細かすぎて選定業者が対応できない
2. 発注から納品までの日程が厳しすぎて選定業者が対応できない

予防対策：

1-a　仕様は汎用品を中心とし、特注は避ける
1-b　業者選定を厳しく行う
2-a　早めの発注に変更する
2-b　責任者を決め、定例会議で定期的に進捗状況を確認する

トリガー・ポイント

3-1.　指定納品日の2週間前に状況を確認し、指定日納品が間に合わないと判明したとき
4-1.　プランBの納期にも間に合わないと判明したとき

発生時対策：

3.　指定日より2週間後を納期としたプランBを用意しておき、切り替える
4.　既存のキャビネットの暫定利用計画を準備しておき、それを発動する

リスクに備える

　あなたのプロジェクトのリスクを分析し、リスク・マネジメント計画を作りなさい。

進め方

①リスク・マネジメント・ワークシート（**図表7‑3**）を使い、あなたのプロジェクトのリスク事象のうち重要なものを1つ取りあげる。

②そのリスク事象の原因を考える。

③そのリスク事象の発生確率と影響度を評価する。

④予防対策・発生時対策を決める。

⑤発生時対策のトリガー・ポイントを決める。

⑥他のリスク事象についても同じ作業をし、それらをリスク・マネジメント計画表（**図表7‑4**）にまとめる。

現場からの声

「リスク・マネジメントをすると、枕を高くして眠れる」

Ｙ氏（ベテラン・プロジェクト・マネジャー）

プロジェクト名：
プロジェクト・マネジャー：

リスク事象：
（および影響を受ける作業）

発生確率　高　適宜判断　予防対策　発生時対策

発生確率　低　無　視　発生時対策

影響度　小　大

リスクの原因：

予防対策：

トリガー・ポイント：

発生時対策：

図表7-4　リスク・マネジメント計画表

リスク事象	確率 (高・低)	影響度 (大・小)	リスクの 原因	予防対策	発生時対策	トリガー・ ポイント

参考：『PMBOK®ガイド』では「リスク登録簿」と呼ぶ。

3 健全な危機感とリスク分析

◆ リスクを考えることは健全

わが国では、リスクに対する考え方があまり発展してこなかったようだ。プロジェクトのリスクを考えることを「縁起でもない」と嫌う傾向があるのではないだろうか。こういう姿勢は、プロジェクトマネジメントの妨げとなることがある。

プロジェクトはそもそも前例のない、前向きな目標の達成をめざす、きわめて健全な取り組みである。その健全な取り組みのプロセスで派生的に起こる可能性があるマイナスの事象がリスクだ。そういうリスクに合理的に対処する手法が、リスク・マネジメントである。リスク・マネジメントとは健全な危機感をもってプロジェクトに臨むことにほかならない。

◆ リスク・マネジメントの原則

リスク・マネジメントとは、想定して対策を講じることだ。その際、「すべてを想定するが、対策は重点的に打つ」が原則である。

何も想定していなかったリスク事象がいきなり起こると、慌てふためくばかりで、有効な対策は打ちにくい。そこで、プロジェクトの成功を阻む要因や、うまくいかなくなる可能性、もめそうなポイント（総じて、「リスク事象」）をあらかじめ時間をかけ、冷静に、広い視野で、多数、想定する。しかし、想定したリスク事象のすべてに対策を講じるのは賢明ではない。それでは、コストがかかりすぎるからだ。ビジネスの打ち手にはコスト効率が求められる。そこで、想定したリスク事象のうちで本当に重要なものに絞って、重点的に対策を打つ。

「すべて想定し、対策は重点的に打つ」のがリスク・マネジメントの原則だ。本書では発生確率と影響度という2つの軸を使ってリスク事象を絞り込み、予防対策と発生時対策を設定すること、さらに発生時対策にはトリガー・ポイントを設けることをすすめている。

想定外の事態には迂回策で対処

　想定していなかったリスクが発生したとき、どう対処すべきか？よく訊かれる問いだ。その際は、迂回策を講じる。想定していたリスクには発生時対策を発動すればよい。だが、それだけではなく、想定していなかったリスクが発生したときは、なんとかやりくりし、粘り強くベストをつくす。「泥棒を捕らえて縄をなう」と映るかもしれないが、準備していなかった以上、やむを得ない打ち手だ。

　迂回策の素晴らしい成果がアポロ13号での出来事だ。アポロ13号は、地球から月へ向かう飛行途上で、酸素タンクの爆発により、月着陸が不可能となった。地上の管制官とスタッフの面々は検討の末、プロジェクト目標を月面着陸から宇宙飛行士の無事の帰還へと切り替えた。そして、「丸い穴に四角い杭を打ち込む」*という離れ業をやりとげ、宇宙飛行士を無事帰還させた。アポロ13号の顛末は映画になっているので、観た人もいるに違いない。

　とはいえ、想定していなかったリスクが発生したときどう対処すべきかと問う人に、現在、どれだけの時間を割いてリスクの洗い出しをしているかを尋ねると、ほとんどの回答は「今は0です」というものだ。これでは、何が起きても想定外となる。

　リスク・マネジメントのために、時間を割いてリスクを洗い出し、対策をリスク・マネジメント計画表にまとめることをしてほしい。

　＊出典：D.ニクソン他『プロジェクトマネジメント 危機からの脱出マニュアル』（中嶋秀隆訳、ダイヤモンド社）

STEP
7
リスクに備える

Don't take the risk

Don't take the risk― take the next train. (リスクはとるな、次の電車にしろ！)

ニューヨーク地下鉄の車内に貼られた大きなポスターである。「閉まりかけた電車のドアに飛び乗ったり、ドアをこじ開けようとしたりする行為は危険だ。ドアに挟まれてケガをする恐れがある」と、乗客に注意を促している。これは乗客のケガというリスクの発生確率を低減する「予防対策」である。

しかし同時に、「発生時対策」だとの見方もできる。ニューヨーク市は損害賠償の訴訟が起こりやすい土地柄であり、実際にケガが起きたとき、地下鉄会社は乗客から訴訟を起こされるかもしれない。地下鉄会社は、「これだけ大きなポスターで注意を促しているのだから、ケガをした乗客側にも落ち度がある」と主張できる。損害賠償の影響度を低減させる保険の役割も果たしているともいえる。

このように、リスク対応策には予防対策と発生時対策の両方の役割をもつものもある。

出典：中憲治『プロジェクトマネジメント 実践編』（総合法令出版）より

8

承認を取りつけ、
ベースラインを設定する

　ステップ2からステップ7まででプロジェクトの詳細な計画を作った。計画の承認を取りつけて、いよいよ実行に移すことになる。

　ここでは、プロジェクトの計画をまとめる計画策定会議の進め方、計画の詳細についてのチェック・ポイント、承認の取りつけ、基準計画の発足について検討し、プロジェクト・ファイルに盛り込む内容を確認しよう。

1 計画段階のまとめ

　ここまで見てきたプロジェクトマネジメントの流れを、整理すると、**図表8-1**のようにまとめられる。

　すなわち、まず、スポンサーがプロジェクトの発足を通知する（ステップ1）。

　それを受けて、プロジェクト・マネジャーとチーム・メンバーがプロジェクト目標を文書化し（ステップ2）、それをもとに、ワーク・パッケージを洗い出す（ステップ3）。そして、各作業に役割分担をし、所要期間を見積もる（ステップ4）。ここまでは、いわば分析的な作業だ。

　次に、ワーク・パッケージからネットワーク図を作る。そして、ネットワーク図に所要期間を織り込むと、クリティカル・パスが明らかになる（ステップ5-1）。ここまでは、いわば統合の作業といってよい。

　さらに、ネットワーク図に基づいて、スケジュールを図示し（ステップ5-2）、メンバーの負荷を把握し、調整する。こうして、バランスのとれたスケジュールができあがる（ステップ5-3）。

　その後、コストとその他の知識エリア（品質、ステークホルダー、コミュニケーション、調達）についても検討した（ステップ6）上で、リスクへの備えを講じる（ステップ7）。

　ここまできて、「プロジェクト計画書」がまとまる。

　こうした検討の途上で、間違いに気づいたり、ヌケ・モレが見つかったりしたら、適宜、修正を加える。そうして、プロジェクト・チームとして納得のいく計画ができ上がったら、実行に向けて必要な承認を取りつける。

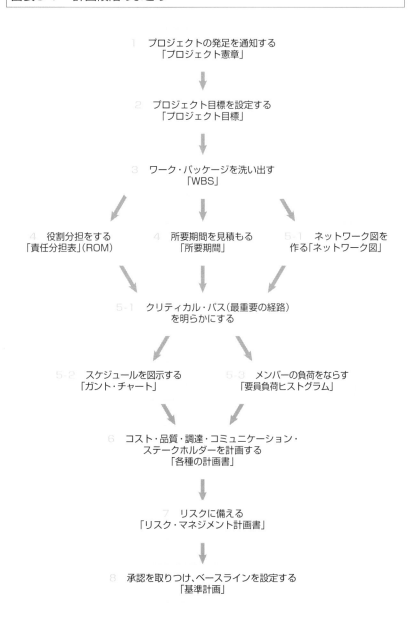

1　プロジェクトの発足を通知する
「プロジェクト憲章」

2　プロジェクト目標を設定する
「プロジェクト目標」

3　ワーク・パッケージを洗い出す
「WBS」

4　役割分担をする
「責任分担表」(ROM)

4　所要期間を見積もる
「所要期間」

5-1　ネットワーク図を
作る「ネットワーク図」

5-1　クリティカル・パス(最重要の経路)
を明らかにする

5-2　スケジュールを図示する
「ガント・チャート」

5-3　メンバーの負荷をならす
「要員負荷ヒストグラム」

6　コスト・品質・調達・コミュニケーション・
ステークホルダーを計画する
「各種の計画書」

7　リスクに備える
「リスク・マネジメント計画書」

8　承認を取りつけ、ベースラインを設定する
「基準計画」

STEP
8

承認を取りつけ、ベースラインを設定する

211

2 計画チェックリスト

　プロジェクトの計画ができあがったら、ヌケ・モレを防ぐためにも、チェックリストで詳細を確認しておく。標準的なチェックリストの例を、図表8-2に示す。

3 承認、基準計画、プロジェクト・ファイル

承認を取りつける

　プロジェクトの計画ができあがったら、実行に移す前に、必要な承認を取りつける。計画は簡潔にまとめ、正規の承認ルートがあるなら、それに従うとよい。社内の稟議に回して、決裁を受けることもあれば、プレゼンテーションで決めることもあるからだ。また、承認を取りつけるには、承認者が検討を加えるのに充分な時間を取るようにするのも肝心である。

「基準計画」を発足させる

　こうして承認を取りつけた計画を、「基準計画」（ベースライン）として発足させる。基準計画は承認が取れた時点で有効であり、第1次の実行案といってよい。それをもとにプロジェクトを実行に移す。
　しかし、プロジェクトの進行につれて、基準計画への変更が必要となることがあり、そのたびに、プロジェクト・マネジャーは改めて必

図表8-2　　計画チェックリスト

プロジェクト名：　　　　　　　　　　　　　　　　　　　　ページ　／

作成者：　　　　　作成日：　　　　第1版 ☐　　　改訂版 ☐

	YES	NO
（ステップ1）		
プロジェクト憲章を発行したか？	☐	☐
（ステップ2）		
プロジェクト目標を文書化したか？	☐	☐
QCD の優先順位を明確にしたか？	☐	☐
プロジェクトの基本ルールを決めたか？	☐	☐
プロジェクトの前提条件を明確にしたか？	☐	☐
過去のプロジェクトからの教訓を参照したか？	☐	☐
（ステップ3）		
WBS を作ったか？	☐	☐
ワーク・パッケージを洗い出したか？	☐	☐
作業記述書を作ったか？	☐	☐
（ステップ4）		
各ワーク・パッケージに責任者と支援者を割り振ったか？	☐	☐
各ワーク・パッケージの作業工数と所要期間を見積もったか？	☐	☐
（ステップ5-1）		
ネットワーク図を作ったか？	☐	☐
クリティカル・パスの経路と所要期間は明確か？	☐	☐
フロートの箇所と期間は明確か？	☐	☐
（ステップ5-2）		
スケジュールを図示したか？	☐	☐
マイルストーンを設定したか？	☐	☐
（ステップ5-3）		
メンバーの負荷を算出したか？	☐	☐
過度な負荷をならしたか？（必要な場合）	☐	☐
（ステップ6）		
予算を作ったか？	☐	☐
品質計画を作ったか？	☐	☐
ステークホルダー計画を作ったか？	☐	☐
コミュニケーション計画を作ったか？	☐	☐
調達計画を作ったか？	☐	☐
（ステップ7）		
リスク・マネジメント計画書を作ったか？	☐	☐

STEP
8

承認を取りつけ、ベースラインを設定する

要な承認を取りつけ、基準計画に変更を加え、更新する。その意味で、基準計画は固定したものではなく、プロジェクトマネジメントの手段として弾力的に使う。基準計画を更新したら、関係者に連絡し、文書を保管する。

◆ プロジェクト・ファイルにまとめる

ステップ2でプロジェクト目標を設定し、プロジェクト・ファイルに集約するものを「プロジェクト・ファイル」の構成①として示した（59ページ）。ここでは、ステップ3からステップ7までの検討を踏まえ、プロジェクト・ファイルに何を追加するかを「プロジェクト・ファイル」の構成②としてまとめる。

「プロジェクト・ファイル」の構成②

- WBS、作業記述書
- 責任分担表（RAM）、見積り所要期間
- ネットワーク図、スケジュール
- メンバーの負荷予測
- 予算、その他の計画
- リスク計画（予防対策、発生時対策、トリガー・ポイント）
- 現状報告書
- スコープ変更履歴
- プロジェクトからの教訓
  - うまくいったこと、さらによくするために
  - うまくいかなかったこと、改善案

4つのスケジュール案

　あなたのプロジェクトにはスケジュール案はいくつあるだろう？ここまで見てきたことから、「予測型」（ウォーターフォール方式）のプロジェクトのスケジュール案には4つ必要であることがわかる。

　まず、プロジェクトでやるべき作業を洗い出し（ステップ3）、各作業の依存関係に基づきネットワーク図を作る。このネットワーク図をガント・チャートに表したものが、第1のスケジュール案だ（ステップ5-2）。

　とはいえ、こうしてできたスケジュールがスポンサーの要求を満たすとは限らない。依頼者の要求よりもクリティカル・パスの所要期間が長すぎるということがよくある。そこでは、クリティカル・パスの短縮が必要となる。こういう調整を経て、第2のスケジュール案ができる（同じく、ステップ5-2）。

　だが、ここまででは、メンバーにかかる作業負荷を考えていない。つまり、ヒトは無尽蔵にいて、無限に投入できるという前提に立っているが、これは現実的ではない。プロジェクトに参加するメンバーの負荷を把握し、調整・平準化しなければならない。これをするのが「負荷をならす」（ステップ5-3）だ。これにより、プロジェクトの終了期限を延期することもある。こういう調整を反映したものが、第3のスケジュール案である。

　ここまできたら、他の要素の検討も踏まえ、関係者の「承認を取りつけ、ベースラインを設定する」（ステップ8）。これが第4のスケジュール案であり、第1次の実行案だ。

　こうして4つのスケジュール案の積み重ねから、誰もが納得するスケジュールができあがる。

計画策定の時間がない…？

　プロジェクトマネジメントのセミナーなどで計画の大切さを強調すると、受講者から受ける指摘（反論？）がある。それは「計画が大切なことはわかったが、計画策定の時間はない。忙しくて！」というものだ。

　この指摘は世界中で出されるものだが、洋の東西を問わず、コンサルタントの回答は同じである。「なるほど、確かに皆さんとても忙しそうだ。計画策定の時間がないというのも本当かもしれない。でもよくみてみると、やり直しをする時間はいくらでもあるんだね」

　計画段階をおろそかにしたために、不十分な成果物を納入し、そのあと処理に翻弄されるのは残念なことだ。そこから脱却するには、自己（自チーム）を規律して、しっかりした計画を策定することだ。

　このことを『PMBOK®ガイド』第7版では「欠陥の発見が遅れるほど、また、ライフサイクルが進行するにつれ、修正作業のコストは高くつく」と説明している（下図）。

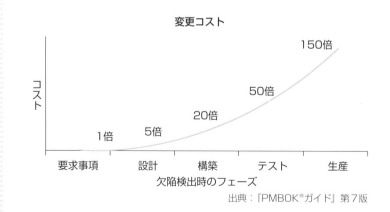

変更コスト

出典：『PMBOK®ガイド』第7版

プロジェクト・マネジャーとパイロット

　プロジェクト・マネジャーは計画の完成度をチェックリストで確認し、承認を取りつけて、ベースライン（基準計画）を設定する。さらに、実行では、ベースラインを基準にしながら、マイルストーン単位で作業を進める。これは、航空機のパイロットの振る舞いと共通する部分が多い。

　航空機の定期航路には、出発地から目的地までの全ルートを記載した航路図があり、その中に経由地が細かく設定されている。

　さらに、機種ごとに膨大な飛行規程と運航規程が定められており、そこから抜粋されたチェックリストがある。パイロットは出発前のみならず、運航の各段階で、チェックリストの重要項目を確認する。そのイメージは、次のようなものだ。

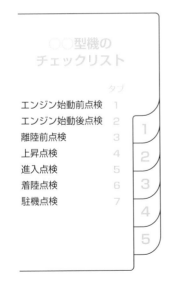

○○型機の チェックリスト	タブ
エンジン始動前点検	1
エンジン始動後点検	2
離陸前点検	3
上昇点検	4
進入点検	5
着陸点検	6
駐機点検	7

エンジン始動前点検

1.	航空日誌、搭載書類	チェック
2.	慣性航空装置	NAV位置
3.	自動始動スイッチ	オン
4.	風防ヒーター・スイッチ	オン
5.	パーキング・ブレーキ	セット
6.	燃料制御スイッチ	オフ
7.	乗客シートベルト・サイン	セット
8.	緊急脱出発令装置	ARM
9.	酸素マスク、インターフォン	チェック
10.	搭載燃料	＿＿ポンド
11.	制御画面、離陸データ	セット
12.	ドア位置	閉
13.	衝突防止燈(上下)	オン
14.	油圧ポンプ	補助位置
15.	燃料切替弁セット	オン
16.	機内油圧スイッチ	始動位置

STEP 8

承認を取りつけ、ベースラインを設定する

217

航空機は自蔵の航法装置で飛航し、航空無線標識やGPSなどで位置を確認しつつ、飛行ルート上の経由地を順に飛行する。

　しかし、飛行ルート上をプランどおり飛ぶことを許さない事情がいくつもある。積乱雲や管制上の規制、気流、着水空域なども考慮して、高度や速度、針路を変更しなければならない。そこでは、残存燃料に対する配慮も必要になる。旅客機の乗客が機内食を楽しむ時間帯には、機体の揺れをできるかぎり小さく抑える気遣いもする。

　さらに、行く手に他の航空機が現れたら、ニアミスを回避するために飛行ルートからある程度ずれる場合もある。

　パイロットは運航の各段階でチェックリストを用い、重要項目を確認する。さらに、飛行ルートを基準としつつ、状況によってはフレキシブルにルートを離れ、また戻る。

　プロジェクト・マネジャーも同様だ。計画段階でベースラインとマイルストーンを設定し、ベースラインを基準としながらマイルストーン単位で作業を実行する。さらに、状況に応じてフレキシブルに調整を繰り返す。

　計画性と柔軟性の間で絶妙なバランスをとるという点で、プロフェッショナルが行うことには分野を超えた共通点があるようだ。

作業を実行し、
変更をコントロールする

　プロジェクトの詳細な計画を作り、承認を取り
つけたら、プロジェクトを実行に移す。

　それとともに、プロジェクト・マネジャーの役
割は、プロジェクトの進捗をモニターし、スコープ
の変更を管理することが中心となる。

11 作業を実行する

　プロジェクトを実行に移すと、プロジェクト・マネジャーの仕事の重点は、プロジェクトを計画に沿って進めることと、スコープの変更を管理することに移る。ここでは、まず、計画に沿ってプロジェクトを進める方法について見よう。

実績データを集める

　プロジェクトの進捗をコントロールするには、まずコントロールする項目を選び、おのおのについてコントロール範囲を決める（たとえば、基準値±10％など）。そして、その実績データをどのようにして収集するのか、方法、頻度を決める。実績データを集める方法には、次のようなものがある。

① 聞いてみる

　プロジェクト・マネジャーがチーム・メンバーの1人ひとりに現状を聞いて回るものだ。プロジェクト・マネジャーに負担がかかるが、組織の成熟度が高くない場合、やむを得ないということもある。

② 責任者が報告する

　作業の責任者（P）が自分の担当作業の現状をプロジェクト・マネジャーに報告してくる。作業責任者が自分の担当作業についてしっかり把握する手助けにもなるので、成長のチャンスと位置づけるのもよい。

③ 自動的に入手する

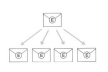

　Eメールなどを通じて、実績データを自動的に送ってもらう。バーチャル・プロジェクト（チーム・メンバーの作業場所が離れているプロジェクト）では、とくに有効である。

④ 進捗会議で把握する

　プロジェクトの進捗会議は、定例で（たとえば、毎週月曜の午後1時から2時まで）、プロジェクト・チームのメンバーが一堂に会して行うのがよい。過去1週間に開始・終了した作業の確認をし、あわせてそこから1～2週間の予定を確認する。

　会議を定例にする理由は2つある。まず、プロジェクト・チームが会議を定例で開催していない場合、会議は「大変だ。集まれ」というかけ声がきっかけになりやすい。つまり、すでに何らかの問題が起きており、いわば火事が発生しているに等しいので、消火作業で手一杯となる。プロジェクトの状況を先取りして（プロアクティブに）進めるには、定例の会議を開き、進捗を把握するとともに、今後の見通しを確認することが大切だ。また、会議のアレンジは面倒である。複数の参加者の共通の空き時間を見つけだすのは、至難の業だ。そこで、プロジェクトの最初に、会議は定例とし、日時と場所も決めておこう。会議室やコール・インの番号（リモート会議の場合）も一度決めて、それを使い回せば、アレンジは1回だけで済む。

　なお、プロジェクトが順調に推移しており、定例会議の必要がないときには、数日前に会議を取りやめる（キャンセルする）。こういう形での会議の取りやめはプロジェクトが順調に進んでいることの象徴として、プラスのメッセージを送ることになる。形式的なムダな時間が省かれるので、メンバーにも喜んでもらえる。

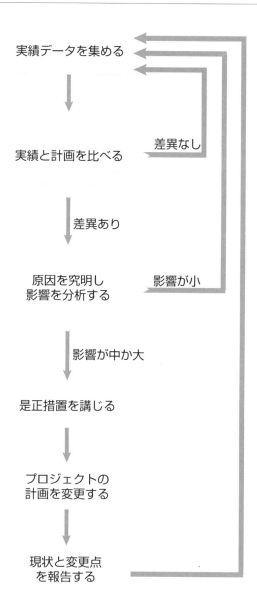

実績と計画を比べる

チームメンバーの間でよくコミュニケーションをとり、実績データと計画の値を比べ、差異があるかどうかを見る。差異がないときや、差異があっても許容範囲内にあるときは、プロジェクトは当初の計画どおりに進める。しかし、差異の大きさが許容範囲を超えるときには、その影響を分析する。

差異の原因を究明し、影響を分析する

実績と計画との差異が許容範囲を超える場合、その差異はなぜ発生しているのか、その原因を究明する。原因の究明は表面的なことにとどめず、「真の原因」を究明する。その場合、「なぜ」という質問を3回重ねることを、1つのガイドラインとする。

たとえば、ある作業の遅れを2日まで許容するとしていて、完了が3日遅れたとしよう。この場合、「なぜ」を3回重ねると、問題の「真の原因」に行き着きやすい。

「なぜ」作業の終了が3日遅れたのか

⬆

納入業者が材料の納品を3日遅らせた

「なぜ」納入業者が材料の納品を3日遅らせたのか

⬆

納入業者が当社との納期約束を重要視していない

「なぜ」納入業者が当社との納期約束を重要視していないのか

⬆

材料の価格交渉で買いたたいたので
納入業者がいい加減な納期回答をしていた

次に、差異がプロジェクトに及ぼす影響を評価する。影響が小さければ、当初の計画どおりにプロジェクトを進めればよいが、影響が大きい場合、是正措置を講じる。

是正措置を講じる

差異の影響が大きいにもかかわらずそのままにすると、プロジェクトの成功が危ぶまれる。是正措置とは、表面的な手を打つことではなく、（前項で究明した）「真の原因」を除去する方策のことである。

先の例で、「なぜ」を3回重ねた結果、材料の価格交渉で買いたたいたので、納入業者がいい加減な納期回答をしたことがわかった。この業者の不満を放置しておくと、問題が再発することも考えられる。納入業者と再度話し合い、プロジェクトへの影響を説明し、相互に納得のいく解決を図るのは、プロジェクト・マネジャーの役割となる。

プロジェクトの計画を変更する

是正対策をもとに、プロジェクトのスケジュール、要員計画、予算等に、変更を加える。ここで大切なのは、計画の変更は権限をもつ者だけが行うということだ。承認（Authorize）して共有（Share）するのが原則である。

現状と変更点を報告する

プロジェクトの関係者にプロジェクト計画の変更点を報告する。

2 報告書を提出する

　プロジェクト報告書は必要な頻度と手段で提出するが、書式と内容は簡潔明瞭なものにする。その際、次のポイントは必ず網羅する。

- スケジュールの現状
- 予算の現状
- おもな達成事項およびアクションの実行状況
- 次回までの目標、課題および具体策
- リスク・ポジションの変化
- 今後の会議予定

　報告書の例を次のページに示しておこう。

賢者のアドバイス

「テンプレート類は、複雑さを避けて、必要最小限にする」

長尾 清一 氏（PMコンサルタント）

日時：　20XX年4月12日
プロジェクト名：　XYZプロジェクト
発表者：　上田　翔

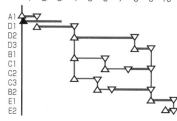

スケジュール進行状況

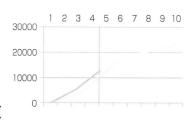

予算の現状

主な達成事項＋アクションの実行状況：
●パーティション設置は80％終了した。残り20％も今週中に終了見込み。
●
●

次回までの目標＋課題と具体策：
●看板の発注先を選定する。（〇〇月△△日までに）
●
●
●

リスク・ポジションの変化：
●オフィス家具が品薄気味で、納期遅れが懸念される。（確率：中、影響度：大）
●
●

今後の会議予定：
●〇〇月XX日、13：00—14：00、会議室1009
●〇〇月XX日、13：00—14：00、会議室1009
●〇〇月XX日、13：00—14：00、会議室1009

3 レビュー会議を開く

　プロジェクトのレビュー会議（進捗会議）は定例で開くのが原則だ。あらかじめ決めた曜日・日時に会議を開けば、会議設定の手間がはぶけるし、作業を実施する上での期間上の単位とすることもできる。定例会議のスケジュールの例を示しておこう。

定例会議のスケジュール（例）

		月	火	水	木	金	土	日
AM	8：00							
	9：00		変更管理委員会 定例会議		チームリーダ 定例会議			
	10：00							
	11：00							
PM	12：00							
	13：00	設備1チーム 進捗確認会議	全体進捗確認 会議	営業部門との 連絡会議	設備1チーム 設計レビュー会議	調達部門との 連絡会議		
	14：00	設備2チーム 進捗確認会議			設備2チーム 設計レビュー会議			
	15：00	設備3チーム 進捗確認会議			設備3チーム 設計レビュー会議			
	16：00							
	17：00							

現場からの声

「PM手法を身につけ、実践するようになってからは、部下がプロジェクトを回してくれる。おかげで私はマネジャー本来の仕事に集中できるようになった。その前は、部下と一緒に消火作業をしていた」

Ｚ氏（ベテラン・プロジェクト・マネジャー）

では会議のやり方のポイントをあげておこう。

レビュー会議の前に

レビュー会議は事前によく計画する。その要点は次のようなものだ。

- 参加者を人選する
- 場所、方法を選ぶ
- 議題は重要なものに絞り、参加者にあらかじめ伝える
- 議題ごとに発表者と時間を割り振る

レビュー会議の場で

レビュー会議の席上では、次のことに注意したい。

- 時間どおりに開始・終了する
- 司会役がリードする
- 議事録作成者を決める
- あらかじめ決めた議題を確認し（必要なら、修正し）、順に議事を進める

レビュー会議のあとに

会議後、一定の時間内に（たとえば、終了後すぐとか、24時間以内など）議事録を配る。議事録はアクション・リストと課題ログを中心にすることをすすめる。議事録に各人の発言を要約して文書に残すケースがあるが、特別の場合（官公庁に求められているなど）を除き、やめたほうがよい。その理由は、まず読まないことと、過去の発言よりも、現在と将来の行動のほうが重要だからだ。

アクション・リストと課題ログの例も、次にあげておこう。

図表9-3　アクション・リスト（例）

プロジェクト名：オフィス移転プロジェクト
プロジェクト・マネジャー：下川　明
会議日：20XX年1月31日
作成者：大田由紀

日付-No.	誰が	何を	いつまでに	現状
1/31-1	鈴木　進	B2の遅れを取り戻す	2/10	
1/31-2	福岡恵子	家具の配達を早める	2/10	
1/31-3	山本正一	電圧を確認する	2/12	
1/31-4	下川　明	NW機器を手配する	2/18	
1/31-5	上田　翔	打ち上げ会場を予約する	2/25	

図表9-4　課題ログ（例）

プロジェクト名：

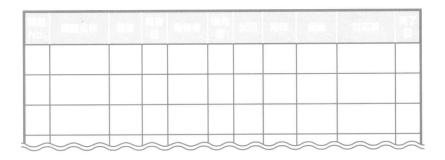

賢者のアドバイス

「プロジェクトにはさまざまな問題も発生したが、そのつど処置して、予定どおりの工期で終結を迎えようとしており……」

吉沢 正文 氏（PMコンサルタント）

4

[演 習]

プロジェクトの現状

　ここで7つのプロジェクトの現状を取りあげ、チャートをもとにみてみる。プロジェクト・マネジャーの観点で検討してみよう。

出典：J.Knutson and Ira Bitz, *Project Management, How to Plan and Manage Successful Projects, amacom* に基づき作成。

▶ 進め方

①実績と計画とを比べる。

　それぞれのプロジェクトは、実績と計画の間にどんな差異があるか？　プロジェクト・マネジャーとして、このプロジェクトは順調といえるか？　その理由は？

②差異がある場合、その影響を分析する。

③今、何に注力したらよいか？　どんな是正措置を講じたらよいか？

〔 ☞ 解答のポイントは237～239ページを参照 〕

事例1…ガント・チャート

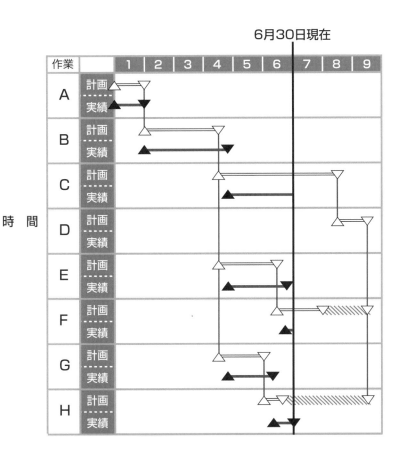

時　間

凡例:
△———▽　計画
▲———▼　実績
\\\\\\\\\　フロート

STEP
9

作業を実行し、
変更をコントロールする

事例2…ガント・チャート

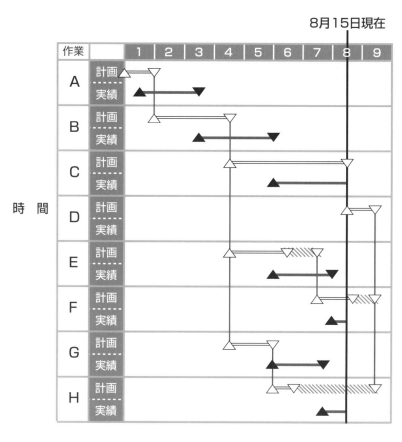

　計画

　実績

　フロート

事例3…ガント・チャート

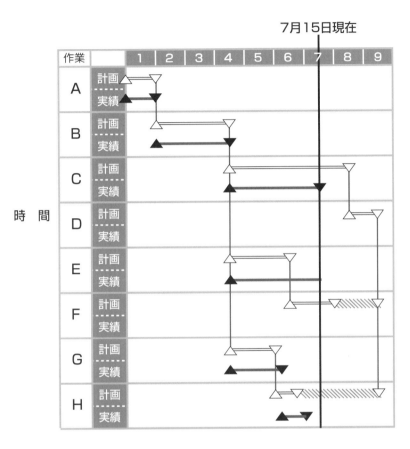

 計画

実績

////////// フロート

事例4 … 要員負荷ヒストグラム

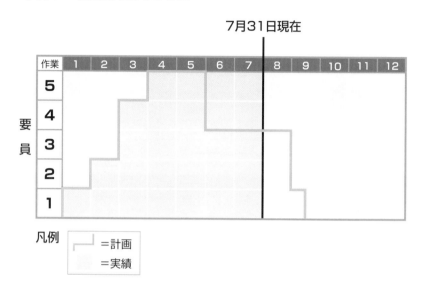

事例5 … 経費累計

予算合計　23,000千円　　4月30日現在

（単位：千円）

経費項目		1	2	3	4	5	6	7	8	9	10
人件費	計画	400	1,200	2,000	3,200	4,800	6,900	7,700	8,300	9,200	10,200
	実績	410	1,250	2,400	3,750						
装置費	計画	0	600	1,200	2,800	5,400	7,600	8,000	8,200	8,400	8,400
	実績	0	600	1,200	2,000						
材料費	計画	300	500	700	1,400	2,600	3,400	3,800	4,000	4,200	4,400
	実績	300	510	690	1,390						
合計	計画	700	2,300	3,900	7,400	12,800	17,900	19,500	20,500	21,800	23,000
	実績	710	2,360	4,290	7,140						

事例6 … プロジェクトの全体像①

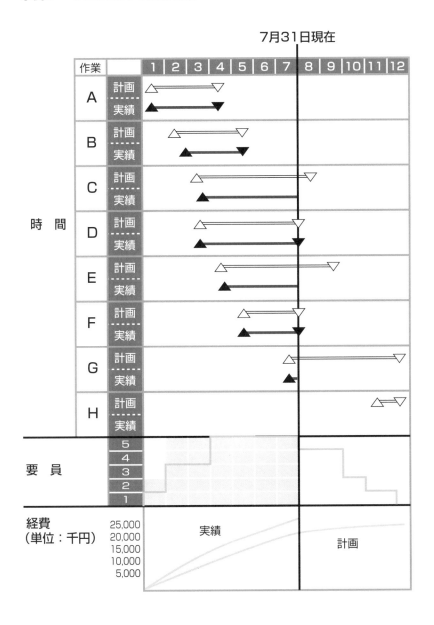

作業を実行し、
変更をコントロールする

事例7 … プロジェクトの全体像②

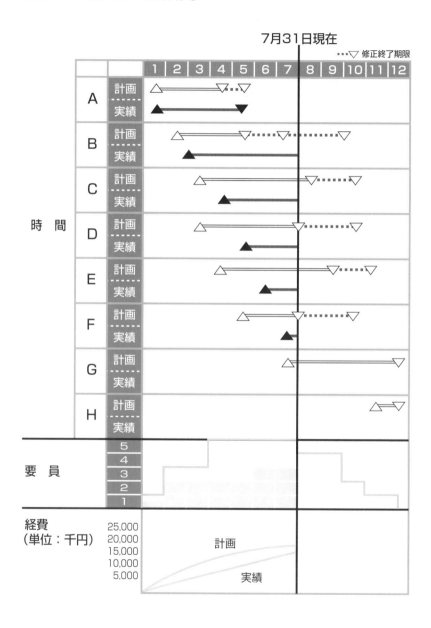

解答のポイント

このプロジェクトはおおむね順調といってよい。作業Aは計画どおりの期日に開始し、終了した。作業Bの開始も計画どおりだが、終了は1週間ほど遅れた。それを受けて作業Cの開始も1週間遅れた。今日現在も作業Cの遅れはそのままである。作業Fの開始も1週間遅れたが、1.5カ月のフロートがあるので、心配はいらない。作業Hの開始も1週間遅れたが、今日現在、終了している。

クリティカル・パスに遅れが生じているが、プロジェクトの期限までには、まだ2カ月半ある。プロジェクト・マネジャーはクリティカル・パス上にある作業Cに重点を絞り、チーム・メンバーと相談して、1週間の遅れを取り戻す方策を講じればよい。具体的には「クリティカル・パスを短縮する方法」（140ページ）をご参照いただきたい。

このプロジェクトはかなり厳しい。プロジェクト・マネジャーはもっと早く手を打つべきであった。作業Aの開始が半月遅れ、かつ所要期間が見積りより2倍かかった。この大幅な遅れが明らかになった時点で、計画の見直しを図らなければならなかった。現在では、プロジェクトを期限どおりに終了するのは困難である。すぐにスポンサーに実情を説明し、プロジェクト計画を全面的に作り直すのが妥当である。

このプロジェクトは興味深い。

作業AとBが計画どおりに開始・終了した。さらに、クリティ

カル・パス上の作業Cが計画より1ヵ月早く終了したので、作業Dの開始を早められる。一方、作業Eの遅れが、そのまま作業Fの開始を遅らせ、経路E－Fが新たなクリティカル・パスになりかかっている。プロジェクトの進行中に、クリティカル・パスが当初の経路から別の経路へと変更しかかっている例だ。

　対策としては、作業Cを担当するメンバーのスキルが合う場合、作業Fに振り向けることを検討する。

　このよう、にプロジェクトの途上でクリティカル・パスがダイナミックに変わることがある。どの経路がクリティカル（最重要）かには、常に目を光らせる必要がある。

　この要員負荷ヒストグラムでは、要員を計画より多く投入済みだ。1マスを「1人月」とすると、残っているはずの予算が3.5人月であるのに対し、すでに4人月だけ多く投入している。つまり、プロジェクト全期間に計画した以上の要員をすでに投入している。

　とはいえ、この図だけでは、作業の進捗状態はわからない。プロジェクトは終了したのか、それとも計画より遅れているのか、スケジュールを見ないとわからない。

　計画より多くの資源を投入する理由には、次のことが考えられる。

- スケジュールの遅れを取り戻すため
- プロジェクトの優先順位を上げたため
- 要員のスキルが不充分で、計画より多くの時間がかかるため
- スコープを変更したため、など。

　この予算表をみると、4月30日現在、経費の合計では実績が計画を下まわっているが、人件費では実績が計画を上まわっている。また、装置費の実績が計画を下まわっている点に注目したい。

装置の納入が遅れているためなら、それによりプロジェクト全体の終了が遅れることが懸念される。

このプロジェクトはスケジュールの面からは順調に見える。しかし、要員の投入と予算の消化の面では、計画を大幅に上まわっている。このプロジェクトでは、スケジュールが最優先されていることや、要員や予算を少なめに見積もったこと、などが考えられる。

このように、ガント・チャート、要員ヒストグラム、予算表を総合して検討すると、1つからだけではわからない、プロジェクトの全体像を把握することができる。

このプロジェクトでは、作業の終了期日を頻繁に遅らせている。作業Bではすでに2度にわたって終了期限が見直された。その結果、プロジェクトを計画どおりの期限で終了するのは難しくなっている。

背景には、何らかの理由で、当初から資源の投入を充分にできなかったことがあげられるが、プロジェクトの優先順位が下げられたのかもしれない。だとすれば、プロジェクト・マネジャーとしては「ハシゴを外された」ことになる。出てくるはずのメンバーは他のプロジェクトに回され、こちらには参加できない。そのために作業は遅れ、予算も大幅に未消化となっている。

このプロジェクトに対する経営陣の本気度を確認するとともに、あらためて協力を要請し、依然として実行するのであれば、計画の立て直しをする。その場合、プロジェクトを取りやめる（キャンセルする）という選択肢もあるかもしれない。そこまでにかかったコストは「埋没コスト」（sunk cost）として、損切りするという決断である。

5 プロジェクトのスコープを コントロールする

スコープの変更の原因

プロジェクトのスコープに何を含み、何を含まないかを、ステップ2で決めた。しかし、プロジェクトの計画、実行と進む間に、スコープの変更が必要になることはしばしばある。

プロジェクトの依頼者が要求を変えることもあるし、ビジネス環境の変化や技術の変化、法制の改訂、要員の交替、また誤りの訂正など、スコープの変更の原因はさまざまだ。そのたびに、プロジェクト・マネジャーは、変更要求を記録し、評価し、採否の判断をし、関係者に変更を連絡する。

スコープの変更をコントロールする

スコープの変更をコントロールするための流れを**図表 9 - 5** に示す。
①変更要求を文書にまとめる

スコープの変更を提案する者が、「変更要求申請書」を作成し、提出する。もちろん、プロジェクト・マネジャーが作成してもよい。
②変更要求を台帳に登録する

提出された「変更要求申請書」に番号をつけ、「変更台帳」に登録し、プロジェクト・ファイルに保管する。
③変更の理由と効果を評価する

変更要求は関係者を交じえ、理由と効果の両面から検討する。要求内容を不要または不適切と判断したら、起案者に通知する。ただし、起案者は、再検討を申請できるものとする。

④プロジェクトへの影響を評価する

　変更が必要かつ適切であると判断したら、変更の影響を、品質、資源、時間を中心に検討する。

⑤採用、不採用、延期を決定する

　変更の理由、効果、影響のそれぞれの分析から、変更要求の採否、または延期を決める。ここで大切なことは、意思決定に必ずスポンサーを巻き込むことだ。『PMBOK®ガイド』では、それを確実にする組織として、変更管理委員会（CCB: Change Control Board）を置くことをすすめている。ここでも、不採用または延期の決定は、起案者に通知する。

⑥計画に盛り込み、関係者に通知する

　変更要求を採用することを決めたら、計画を修正し、関係者に通知する。

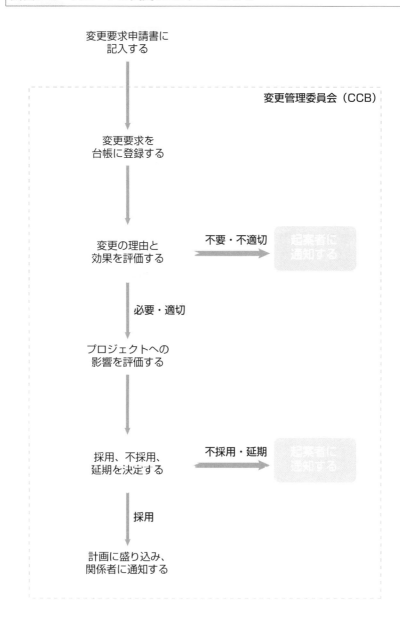

プロジェクト名：
起案者：
変更管理No.：

従来の計画：終了日　　　　　　　作業工数　　　　　経費

変更の内容：

変更の理由：

変更後の計画：開始日　　　　終了日　　　　作業工数　　　　経費

プロジェクト・マネジャー：　　□　採用

記名＿＿＿＿＿＿＿＿＿＿　　□　不採用（理由：　　　　　　　　　）

日付：　　　　　　　　　　　□　延期（理由：　　　　　　　　　）

作業責任者（S）　　　　：　　□　採用

記名＿＿＿＿＿＿＿＿＿＿　　□　不採用（理由：　　　　　　　　　）

日付：　　　　　　　　　　　□　延期（理由：　　　　　　　　　）

プロジェクト・スポンサー：　　□　採用

記名＿＿＿＿＿＿＿＿＿＿　　□　不採用（理由：　　　　　　　　　）

日付：　　　　　　　　　　　□　延期（理由：　　　　　　　　　）

図表9-7　変更管理台帳

プロジェクト名：
プロジェクト・マネジャー：

変更管理No.	受領日	変更の内容予防対策	変更の理由	採否の決定
				□採用→□関係者に周知 □不採用→□起案者に連絡 □延期（再検討の時期：　　　）
				□採用→□関係者に周知 □不採用→□起案者に連絡 □延期（再検討の時期：　　　）
				□採用→□関係者に周知 □不採用→□起案者に連絡 □延期（再検討の時期：　　　）
				□採用→□関係者に周知 □不採用→□起案者に連絡 □延期（再検討の時期：　　　）
				□採用→□関係者に周知 □不採用→□起案者に連絡 □延期（再検討の時期：　　　）
				□採用→□関係者に周知 □不採用→□起案者に連絡 □延期（再検討の時期：　　　）
				□採用→□関係者に周知 □不採用→□起案者に連絡 □延期（再検討の時期：　　　）
				□採用→□関係者に周知 □不採用→□起案者に連絡 □延期（再検討の時期：　　　）

変更のリスク・マネジメント

　プロジェクトではQCDのバランスをとることが求められる。つまり、①「品質とスコープ」（Q&S）、②「コスト」（C：Cost）、③「納期」（D：Delivery）の「三大制約条件」（Triple Constraint）に折り合いつけることだ。だが、この3つは、いわば「三律背反」の状態にある（32ページ）。

　たとえば、「品質やスコープ」の要求を高めようとすれば、「コスト」か「納期」のどちらか（あるいは両方）にしわ寄せがいく。「コスト」を下げようとすれば、「納期」か「品質とスコープ」（あるいは両方）にしわ寄せがいく。「納期」を早めようとすれば、「品質とスコープ」か「コスト」（あるいは両方）にしわ寄せがいく。まさに、「あちらを立てればこちらが立たず」である。だから、プロジェクトではあらかじめQCDの間に優先順位をつけておくのが鉄則である。

　とはいえ、日本で行われるプロジェクトでは、コストと納期は、実質的に「所与＝given」であり、変更の余地がない、とされる場合がある。しかも、顧客から、スコープ外の作業を新たに「やってくれ」とか「納期を早めろ」などと言われる。その要求に応じてコストの増額や納期の延長を申し入れても、「ない袖は振れぬ」とか「できない相談だ」などと言われる始末だ。さらに、業界によっては「納期厳守」という美学（？）が定着しているところがある（そのこと自体が問題だという本質論はここではおくとして）。

　では、どうするか？

　畏友・庄司敏浩さんから有益なヒントをもらった。それは、リスク・マネジメントでいう「発生時対策」を準備しておくことだ。つまり、スコープにあげられた項目にあらかじめ優先順位をつけておく。たとえば、重要な順にMust（絶対に必要）、Want（次に重要）、

Wish（できればうれしい）としておく。その上で、コストと納期が変えられないなら、スコープの項目のうち、優先順位の下位のものから順に削除する（スコープの外に出す）という方法だ。いざ変更が生じて、こちらが対応策を申し入れても、顧客はすぐには答え（られ）ない。その間に時間が過ぎて、プロジェクトがいよいよ厳しくなる。それを避けるために、スコープ内の項目にあらかじめ優先順位をつけて、それを顧客と合意しておき、優先順位の下位のものから順に削除する（スコープ外に出す）という方法である。

　プロジェクトに変更がつきものである以上、リスク・マネジメントの「発生時対策」を準備し、顧客と合意しておくことをすすめる。

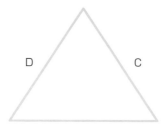

Q	スコープ1	
	スコープ2	Must
	スコープ3	
	スコープ4	
	スコープ5	Want
	スコープ6	
	スコープ7	
	スコープ8	Wish
	スコープ9	

すべて順調？

　プロジェクトの進捗会議で、注意したいことを3つ指摘しよう。

　まず、会議での発表や説明は具体的な内容にすること。スケジュールであれば、「予定どおり」とか、「〇〇日遅れで、対策はこう」、「〇〇日先に進んでおり、今後の見通しはこう」という具合に。この場合、数値化できるものはデータに語らせる（Let the data speak.）。とかく、「日夜を分かたず、全員がんばっている」といった、意味不明の発表がありがちだが、慎まなければならない。

　次に、「すべて順調」という発表には要注意だ。プロジェクト計画は多くの予測と見積りから成り立っている。「予測は難しい。とくに、将来については」というジョークがあるが、見積りは必ず外れる。だから、「すべて順調」などという説明には、目を光らせる必要がある。問題なのは、計画と実績に差異があることではない。実行段階での計画との差異はつきものであり、それをどう認識し、どう対処するかが大切である。

　さらに、「すべて順調」という発表は、別の点でも要注意だ。「不測の事態」や「リスク」が必ず起こるからである。この点、作家・曾野綾子さんの指摘が真理をついている。日本財団会長として着任後、発展途上国の業務の説明を受けたときのエピソードだ。

　私は着任後あらゆる業務の説明を受けたのですが、そのうちの1人で、外部監査をしに現地に行った人が、「この薬のリボルビング・システムは、非常にうまくいっております」という報告をしたので、その瞬間、私はこれはうまくいっていないに違いないと思ったのです。人間の仕事には必ず想定外のことがあって、百点満点もなければ零点もないのです。もしその監査人が「これこれ

のところに苦労しておりますので、改変の必要があると思います」
と言ったなら、私はその言葉のほとんどを信じただろうと思います。

出典：曾野綾子『この世に恋して』（WAC）

　本書でも、リスク・マネジメント（ステップ7）について「すべて
を想定し、対策は重点的に打つ」ということを紹介した。とはいえ、
すべてを想定することは現実にはできない。計画策定に無限の時間が
あるわけではないし、想像力には限界があるからだ。こうした不確定
性がある中でチャレンジングな目標の達成をめざすところに、プロジ
ェクトマネジメントの醍醐味があるといってもよい。

Column

しっかりした計画が不可欠

　クリティカル・パスの短縮（ステップ5）、リスク・マネジメント
（ステップ7）、変更管理（ステップ9）に共通する前提がある。それは、
しっかりした計画が不可欠だということだ。
　顧客が要求する期限を守ろうとすれば、クリティカル・パスを短縮
しなければならないこともある。さらに、リスク・マネジメントも変
更管理も、しっかりした計画（ベースライン）がまずあって、状況に
より軌道修正をすることにほかならない。とはいえ、計画策定に時間
をかけすぎるのも困る。作業を実行しなければ、目標は達成されない
からだ。そこで、コンサルタントからのおすすめは、プロジェクトの
全期間のおよそ5%の期間で計画を作ることだ。

10

プロジェクトを終え、教訓を得る

　プロジェクトの終結の段階で、事後の振り返りをする意義は何か。それは、プロジェクトの経験から教訓を学び、それを今後に活かすことだ。あわせて、プロジェクトで起こったことを記録し、終了を祝い、節目とする。

　プロジェクトの終了後には、ともかく終ったということから、打ち上げパーティーですべて終りとすることが多いが、これではせっかくの学習の機会を逃すことになる。

　プロジェクトの計画段階で、プロジェクト終了後に振り返り会議を開くことをあらかじめ決めておき、プロジェクトの進展とともに、気づいた点や学習した点をメモしておく。それを振り返り会議で収集し、次に申し送る。

1 事後の振り返りの進め方

　最終ステップは、プロジェクトの終了にともない、事後の振り返りをすることである。チーム・メンバーで、プロジェクトの発足から完了までの出来事を振り返り、プロジェクトについての評価をする。

　そこから生まれる成果物が、経営陣への最終報告であり、今後のプロジェクトのためには、多くの教訓を含んでいる。事後の振り返りには、最終の実績データを集め、会議で検討し、文書で記録に残す。

最終の実績データを集める

　チーム・メンバーで、プロジェクトの立ち上げ段階から、計画段階、実行とコントロール段階までに起こったことを取りあげ、実績データを集める。最終のスケジュール・予算・品質の実績などだ。

事後の振り返り会議を開く

　プロジェクト・チームのメンバーで、プロジェクトを客観的に評価するために事後の振り返り会議を開く。会議の目的は、プロジェクトの終了の節目とし、教訓を得ることだ。その席で、チームのメンバーがプロジェクトから得た気づきや教訓、経験、スキルなどを分かち合う。この場合、進行役がリードし、文句の言い合いにならないように注意しよう。

文書にまとめ、記録を残す

　事後の振り返り会議で出た意見や気づきは文書にまとめ、記録として保管する。そして、次回の類似プロジェクトに申し送り、計画策定の参考とする（図表10-1）。

カテゴリー	うまくいったこと	さらによくするために	うまくいかなかったこと	改善案
品質・スコープ				
スケジュール				
コスト				
実行・コントロール				
人的資源				
ステークホルダー				
その他				

STEP
10
プロジェクトを終え、
教訓を得る

2 事後の振り返り会議で取りあげるポイント

　プロジェクトの事後の振り返り会議で取りあげるポイントのおもなものを一例として次にまとめる。たたき台と位置づけ、プロジェクトに合わせて、「取捨選択と肉付け」をしてほしい。これを『PMBOK® ガイド』では「テーラリング（tailoring）」と呼んでいる。

▶品質・スコープについて

①プロジェクトの成果物は依頼者の要求を満たしたか？　それは追加の作業なしにできたか？

②追加の作業が必要であった場合、それはなぜか？

③プロジェクトの途中でスコープに変更はなかったか？　あった場合、その変更をどう管理したか？　今後に活かすべき教訓は何か？

④プロジェクトのスコープの作成やコントロールについて学んだことで、今後に活かすことができるのは何か？

▶スケジュールについて

⑤プロジェクトは期限どおりに終了したか？

⑥期限どおりに終了した場合、その理由は何か？

⑦期限より遅れた場合、その理由は何か？

⑧スケジュールの作成とコントロールについて学んだことで、今後に活かすことができるのは何か？

▶ コストについて

⑨プロジェクトの総経費は予算どおりか？

⑩予算コントロールについて学んだことで、今後に活かすことができるのは何か？

▶ 実行・コントロールについて

⑪プロジェクトの進捗コントロールについて学んだことで、今後に活かすことができるのは何か？

⑫是正措置を講じるにあたり学んだことで、今後に活かすことができるのは何か？

▶ 人的資源について

⑬要員配置について学んだことで、今後に活かすことができるのは何か？

⑭チーム内のコミュニケーションをとる上で、うまくいったことは何か？　うまくいかなかったことは何か？

⑮役割分担は適材適所で行ったか？　負荷が過度に集中したメンバーはいなかったか？　役割を分担する上で、うまくいったことは何か？　うまくいかなかったことは何か？

▶ ステークホルダーについて

⑯プロジェクトのスポンサーとの関係で学んだことは何か？

⑰「ツルの一声」にどう対処したか？

⑱外部の取引先、外注先との関係で学んだことは何か？

⑲社内の他部門、ステークホルダーとの関係で学んだことは何か？

▶ その他

⑳今回のプロジェクトを通じて得た技術進歩は何か？　今後に
　活かすことができる教訓は何か？

㉑プロジェクトの計画策定や実行・コントロールで、今後に活か
　すことができるのは何か？

㉒今後はこうすべきである、という推奨案をリスト・アップする。

㉓仮に今回のプロジェクトをもう1度実施するとしたら、やり
　方を変えたいポイントは何か？

㉔今回のプロジェクト・チームのメンバーは、今後もあなた
　（プロジェクト・マネジャー）と一緒に仕事をしたいか？

3 終了を祝い、労をねぎらう

　事後の振り返りのあとには、プロジェクト・メンバーが一堂に会し、打ち上げパーティーを開催することを強くすすめる。スポンサーなどの主要なステークホルダーも参加すれば、さらに有意義なものになる。ここは、プロジェクトが終了したことを祝い、メンバーの労をねぎらう機会である。

　「プロジェクト目標」の中で設定したプロジェクト・メンバーの育成目標（58ページ）を確認し、各人の成長や達成度を認知しよう。さらに、プロジェクトの完遂にはメンバーのみならず、家族の協力があったことにも感謝しよう。ちょっとした記念品を用意するのもよい。

　なお、プロセスの振り返りをする時期は、プロジェクトの終了時に限ることはない。プロジェクトの節目で、マイルストーンへの到達（たとえば、プロジェクト・チームの発足や計画の承認など）を祝うのもよいし、メンバーの誕生日や結婚記念日などにプチ・パーティーを開くのもよいだろう。

　そして最後は必ず、積極的な断定（前向きのメッセージ）で締めくくる。

成功からも失敗からも学ぶ

「プロジェクトが終了したら、２時間だけでいいから、事後の振り返り会議をやりましょう。タイミングは打ち上げパーティーの２時間前に集合するのがベストです」

このアドバイスは、私たちがおつきあいしているすべてのクライアントにおすすめし、賛同してもらっており、徐々に浸透している。

重要なのは、成功からも失敗からも学ぶということだ。プロジェクトが成功したら小さからぬ達成である。素直に喜ぼう。そして、その成功の要因（と、さらなる改善点）を文書化し、次のプロジェクトに申し送る。失敗については、改善点に関する具体的な提案を文書化して次のプロジェクトに申し送る。

『PMBOK®ガイド』でも教訓（Lessons Learned）を「組織のプロセス資産」として重視している。

「教訓」という日本語には、『イソップ物語』や『論語』の教えに似た響きがあるが、プロジェクトでいう「教訓」（Lessons Learned）は、プロジェクトの実体験から学習した知見のことだ。あるベテランのプロジェクト・マネジャーが「体験訓」と表現していたが、的を射ている。

「愚者は経験から学び、賢者は歴史から学ぶ」（ビスマルク）という。そして、すべての失敗を自分で体験するだけの時間は、誰にも与えられていない。

プロジェクトを成功させるには、自分の経験だけではなく、社内外の他の人、他の会社、他の業界、そして歴史などに広く教訓を求め、活用することが大切である。ビジネス界でベンチマーキングの重要性が強調されているのも、これと軌を一にするものだ。

困りながらも、何とかする（muddling through）

　プロジェクトは、立ち上げ、計画、実行、監視・コントロール、終結の流れで進むのが望ましい。2点を最短で結ぶなら、直線を引くことが最も効率的だ。

　だがプロジェクトでは、もろもろの事情が絡み、単純ではない。制約条件がのしかかることもあれば、前提条件が当てはまらないこともある。そして、見積りは必ず外れる。

　だからといって、難局にぶつかったとき、闘いを放棄したのでは、成功は望むべくもない。

　経済学者・猪木武徳氏が自由民主主義（リベラル・デモクラシー、自由社会）を論じる中で、「なんとか切り抜ける（muddling through）」という姿勢を著書で取りあげている。そこを紹介しよう。

　「その自由社会のなかでも、さらに様々な価値意識を持つ人々が生活している。そこでは異なる価値序列をもつ人々が時に激しく対立する。しかし物理的な力でそれらの価値の衝突を解決するのではなく、それぞれの価値を尊重し合い、『共存する意思』を示しつつ知恵を出す最大限の努力をすることによって、どうにかこうにか秩序を保つのがリベラル・デモクラシーという体制なのである。そこでは『なんとか切り抜ける（muddling through）』ための時間と忍耐が求められる。」
（『自由の思想史』新潮選書）

　プロジェクトも、一刀両断（breakthrough）より、困りながらも、何とかする（muddling through）ものと心得よう。

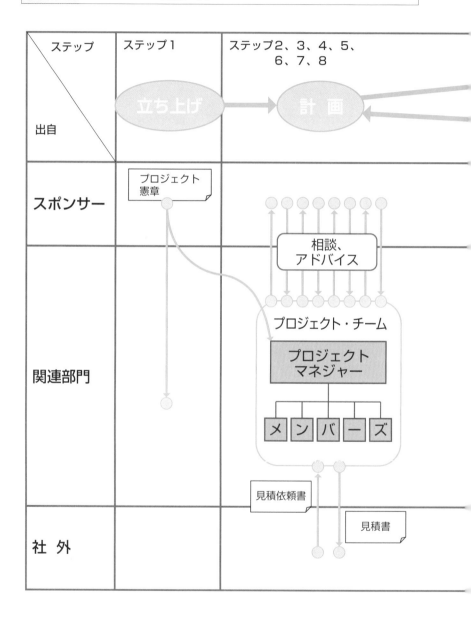

ステップ	ステップ1	ステップ2、3、4、5、6、7、8
出自	立ち上げ	計　画
スポンサー	プロジェクト憲章	
関連部門		相談、アドバイス プロジェクト・チーム プロジェクトマネジャー メンバーズ 見積依頼書
社　外		見積書

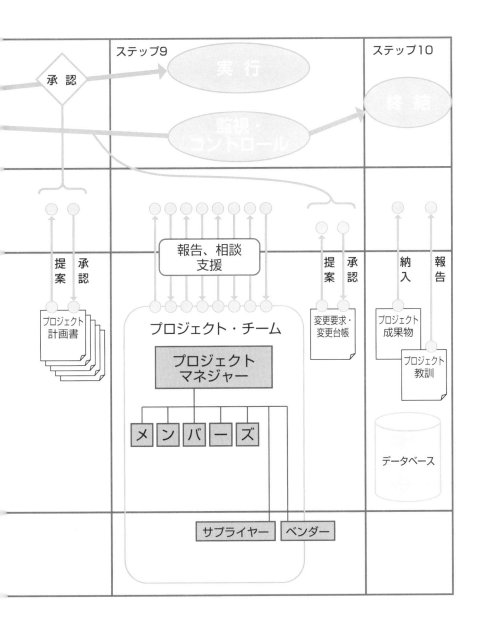

ステップ9　　　　　　　　　　　　ステップ10

承認　　　実　行

監視・
コントロール

終　結

提案　承認　　報告、相談
　　　　　　支援　　　　　　提案　承認　　納入　報告

プロジェクト
計画書　　　プロジェクト・チーム

プロジェクト
マネジャー

メ　ン　バ　ー　ズ

変更要求・
変更台帳

プロジェクト
成果物

プロジェクト
教訓

データベース

サプライヤー　ベンダー

STEP
10
プロジェクトを終え、
教訓を得る

謝　辞

　本書を手に取り、お読みくださった読者にまず、お礼を申し上げます。本書がプロジェクトの現場でお役に立つことを期待しています。

　本書は初版以来、おかげさまで、実に多くの人に読まれ、関連する研修やコンサルティングサービスもご活用いただいています。

　この本が成ったきっかけには、J.クヌート女史（米・プロジェクトメンターズ）と箱田忠昭氏（インサイトラーニング）のお骨折りがあります。

　今回の改訂でも多くの方々から示唆をいただきました。『PMBOK®ガイド』第7版翻訳検証委員会の鈴木安而氏、庄司敏浩氏、森山武氏。プラネット株式会社で一緒に活動してくれている中西全二氏、中憲治氏、村松霞氏。そしてPMの業界でご一緒に活動してくださっている皆さんです。

　この版では、「賢者のアドバイス」として、敬愛する清水計雄氏のメッセージを新たに紹介しました。

　今回の改訂でも、編集者の根本浩美氏よりご協力をたまわりました。

　また、学恩を受けた仲田辰次先生、土肥穣先生、小山敏三郎先生、中内恒夫先生、中島省吾先生、喜多村浩先生。ビジネスの実務でご指導くださった山口敏治氏と三浦力恵氏、弁護士の柏木俊彦先生。大学で講義する機会をくださった柴田陽路氏と宮川正裕先生（中京大学）、伊藤公平先生と相吉英太郎先生（慶応義塾大学）、砂川有里子先生（筑波大学）。起業の背中を押してくれた池上裕司氏、堀江浩一郎氏、浜和人氏、安倍正仁氏、遠山博道氏、石井由策氏、谷地俊夫氏に、この場をかりてお礼を申し上げます。

　さらに、私の活動をいつも応援してくれる家族、順子、隆太郎・祐郁子・啓太郎・英仁郎、俊介、加倉井康子に感謝します。そして、すでに他界した父母に本書を捧げます。

2022年2月

中嶋秀隆

プロジェクトマネジメント
関連用語集

【あ 行】

影響度（Impact）：リスク事象の発生により、プロジェクトの成功にもたらす変化。

依存関係（Dependency）：ある作業の開始・終了と別の作業の開始・終了の間の時間的関係。一方が他方の成果物を必要とすることからこの呼び方がある。

打ち上げ（Wrap up party）：プロジェクトや仕事じまいの宴。

S（Support）：「作業支援者」を参照。

SME（Subject Matter Expert）：当該分野専門家。特定のスキルをもつ人、または過去に類似プロジェクトを経験した人。

往路時間計算（Forward Pass）：各作業の最早開始および最早終了を明らかにするために開始から終了に向かって行う分析。

【か 行】

開始・開始型（SS：Start-to-Start）：2つの作業が同時に開始する関係。

確率（Probability）：リスク事象が発生する可能性の大きさ。

可変時間作業（Variable Duration Task）：投入する資源の量を増やせば終了が早まり、減らせば終了が遅れる作業。

ガント・チャート（Gantt Chart）：スケジュールをあらわすグラフの一種。横軸に時間、縦軸に作業をとり、作業の開始から終了までを横棒で示す。米国人ヘンリー・ガントの考案による。

ガント・バー（Gantt Bar）：ガント・チャート上で、作業の開始から終了までを示す横棒。

基準計画（Baseline Plan）：承認を取りつけ、最初に実行に移す計画。その後の実行・変更の基準となる。

教訓（Lessons Learned）：体験訓。プロジェクトの計画・実行を通じて経験から学んだことがら。次回以降に活かすことが、成功の鍵となる。

クラッシング（Crashing）：プロジェクトの個々の作業に資源の投入量を増やし、期間を短縮する方法。コストをともなうことに注意。

クリティカル・パス（Critical Path）：プロジェクトの開始から終了までで、最も長い時間を要する経路、およびその時間。フロートのない経路。最重要の経路。

後続作業（Successor）：ある作業の次にくる作業。

固定時間作業（Fixed Duration Task）：投入する資源の量の増減により、完了が早くなったり遅くなったりしない作業。

【さ 行】
差異（Variance）：計画値と実績値との間の違い。

最早開始（ES：Early Start）：作業を開始できる最も早い時期。

最早終了（EF：Early Finish）：作業を終了できる最も早い時期。

最遅開始（LS：Late Start）：後続作業を遅らせずに、作業を開始できる最も遅い時期。

最遅終了（LF：Late Finish）：後続作業を遅らせずに、作業を終了できる最も遅い時期。

作業（Task）：プロジェクトを計画・実行する際、プロジェクトを管理するために分解して得られる単位。

作業記述書（Task Description）：作業の実行のために、その内容、成果物、完了成功の判断基準、前提条件などを記した文書。

作業工数（Effort）：作業を終了するのに必要な時間の絶対量。

作業支援者（S：Support）：プロジェクト・チームのメンバーで、各作業の支援をする人。

作業責任者（P：Prime, Primary, O：Task Owner,）：
プロジェクト・チームのメンバーで、各作業の完了を引き受ける人。

資源円滑化（Resource Smoothing）：メンバーの過度な負荷を取り除く際、クリティカル・パスを延長せずに行う方法。

資源最適化（Resource Optimization）：メンバーの過度な負荷を取り除く方法。

資源平準化（Resource Leveling）：メンバーの過度な負荷を取り除く際、クリティカル・パスの延長をよしとする方法。

終了・開始型（FS：Finish-to-Start）：先行作業を終了してから、後続作業を開始する関係。

終了・終了型（FF：Finish-to-Finish）：先行作業の終了と同時に後続作業も終了する関係。

所要期間（Duration）：作業の開始から終了までに経過する時間。

スキル（Skill）：技量、能力。

スコープ（Scope）：プロジェクトの規模。範囲、外延、範疇。

スコープ・クリープ（Scope Creep）：プロジェクトに対して、作業がコントロールされることなく、じわじわと追加され、当初のスケジュールやコストがまったく無意味になる状態。

ステークホルダー（Stakeholder）：利害関係者。プロジェクトに影響を与えたり、プロジェクトから影響を受けたりする個人や、グループ、組織。

スラック（Slack）：「フロート」を参照。

成果物（Deliverable）：作業やプロジェクトの完了により得られる具体的成果、アウトプット。

責任分担表（RAM：Responsibility Assignment Matrix）：プロジェクトの各作業につき、各チーム・メンバーの役割と責任を表にまとめたもの。

先行作業（Predecessor）：ある作業の前にくる作業。

【た 行】
WBS（Work Breakdown Structure、作業分解図）：プロジェクトを完成するために必要なすべての作業を書き出し、階層的な系統図にまとめたもの。

ツルの一声（Voice from the Mount）：権威者・有力者などの、衆人を威圧し、否応なく従わせる一言。

トリガー・ポイント（Trigger Point）：発生時対策を発動する状況。トリガーとは「引き金」のこと。

【な 行】
ネットワーク図（Network Diagram）：作業の依存関係、所要期間、クリティカル・パスを示す図。

【は 行】
パート図（PERT：Program Evaluation and Review Technique）：ネットワーク図の一種。

発生時対策（Contingency Plan）：リスク事象の発生に備え、その影響度を最小限に抑えるためにあらかじめ講じておく対策。

P（Prime, Primary）：「作業責任者」を参照。

PMI（Project Management Institute）：プロジェクトマネジメントの国際的な専

門家団体。

PMBOK®ガイド（Guide to the Project Management Body of Knowledge）：PMIが発行する『プロジェクトマネジメント知識体系』。

ファスト・トラッキング（Fast Tracking）：プロジェクトのネットワークを組み替えて、期間を短縮する方法。リスクを伴うことに注意。

フィージビリティ・スタディ（Feasibility Study）：プロジェクト実施に先立って、技術的に可能か、採算がとれるかを調べること。実行可能性調査。企業化調査。

復路時間計算（Backward Pass）：各作業の最遅開始および最遅終了を明らかにするために終了から開始に向かって行う分析。

プロジェクト（Project）：特定の目標を達成するために、スコープ・品質、時間、資源（ヒト、モノ、カネ）をマネジメントしながら、期間限定で行うユニークな一連の作業。

プロジェクトの顧客（Project Client）：プロジェクトの依頼者。

プロジェクト・ファイル（Project Notebook）：プロジェクトの実行に必要な文書をファイルにまとめたもの。

プロジェクトマネジメント（Project Management）：一連の技法、プロセス、システムを駆使して、プロジェクトを効果的に計画、実行、コントロールすること。

フロート（Float）：スケジュール上の余裕期間。「スラック」ともいう。

変更管理（Change Control）：スコープの変更にあたり、その必要性と効果を評価し、実行する技法。

変更管理委員会（CCB, Change Control Board）：ステークホルダーが構成する会議で、プロジェクトへの変更要求について理由と効果を評価し、影響を判断して採用、不採用、延期を決定する。

【ま 行】
マイルストーン（Milestone）：里程標。プロジェクトを実施するにあたり、重要

な期日、通過点。チェック・ポイント。

【や 行】

要員負荷ヒストグラム（Resource Histogram）：プロジェクトに参加するメンバーにかかる負荷量を度数分布図にあらわしたもの。

予防対策（Preventive Plan）：リスク事象の発生を未然に防ぐために講じる対策。

【ら 行】

ラグ（Lag）：後続作業の開始を遅らせるように依存関係を修正すること。

ラム（RAM：Responsibility Assignment Matrix）：「責任分担表」を参照。

リード（Lead）：後続作業の開始を前倒しするように依存関係を修正すること。

リスク（Risk）：将来に起こり得る問題点で、プロジェクトの成功を脅かす事象。

リスク分析（Risk Analysis）：リスク事象を発生の確率の高さと発生時の影響の大きさの両面から検討し、対策を講じる技法。

リスク・マトリックス（Risk Matrix）：リスク分析の際、リスク事象の発生の確率の高さを縦軸、発生のときの影響度の大きさを横軸にとった図。

【わ 行】

ワーク・パッケージ（Work Package）：WBSの最下位レベルの作業。所要期間の見積り、ネットワーク図の作成などの基礎となる。

索　引

●本書に紹介した「標準 10 のステップ」を始め、プロジェクトマネジメントの全域にわたり、高品質の研修プログラムを、公開セミナー・企業内セミナーとして提供しています。コンサルティングサービスも実施しています。下記にご連絡ください。

●連絡先

プラネット株式会社

E-mail：info@planetkk.net

Web サイト：https://www.planetkk.net

中嶋 秀隆（なかじま・ひでたか）

1978年、国際基督教大学大学院修了。
京セラ（海外営業）、インテル（国際購買、法務部長、人事部長）など、日米の有力企業に約20年間勤務。その間に、海外での半導体工場の立ち上げ、トップ・マネジメント間の大規模国際会議など、数多くのプロジェクトにプロジェクト・マネジャーとして参画。
その後、プラネット株式会社を設立し、日本およびアジア地域のビジネスパーソンを対象に、プロジェクトマネジメント技法の研修、コンサルティング・サービスを提供。
現在、プラネット株式会社コンサルタント。
PMI会員、PMI日本支部アドバイザー、PMP、『PMBOK®ガイド』翻訳検証委員（第2〜7版）。
PMAJ会員、PM学会会員。
著書・訳書：『PMプロジェクト・マネジメント入門』（マリオン・E・ヘインズ著、翻訳）、『リーダーの人間力』（ヘンリー・クラウド著、翻訳）、『PMプロジェクト・マネジメント クリティカル・チェーン』（共著）以上日本能率協会マネジメントセンター刊、など。

改訂7版 PM プロジェクトマネジメント

1998年 9月 1日　初版第1刷発行
2022年 3月30日　改訂7版第1刷発行
2024年 7月20日　　　　　第4刷発行

著　者——中嶋 秀隆
　　　　　© 2022 Hidetaka Nakajima

発行者——張 士洛

発行所——日本能率協会マネジメントセンター
〒103-6009 東京都中央区日本橋2-7-1　東京日本橋タワー
TEL 03(6362)4339(編集)／03(6362)4558(販売)
FAX 03(3272)8127(編集・販売)
https://www.jmam.co.jp/

装　　　丁——岩泉 卓屋
本文DTP——株式会社森の印刷屋
編集協力——根本 浩美（赤羽編集工房）
印　刷　所——広研印刷株式会社
製　本　所——株式会社三森製本所

ISBN 978-4-8005-9000-8　C2034
落丁・乱丁はおとりかえします。
PRINTED IN JAPAN

JMAM の本

経営戦略としての異文化適応力
ホフステードの6次元モデル実践的活用法

宮森千嘉子
宮林隆吉　著

A5変形判320頁

「文化と経営の父」と呼ばれるヘールト・ホフステード博士が考案した「6次元モデル」を用いながら、多様な人材間コミュニケーションの問題を解決する実践法を紹介。

成人発達理論による能力の成長
ダイナミックスキル理論の実践的活用法

加藤洋平　著

A5判312頁

人間の器（人間性）と仕事の力量（スキル）の成長に焦点を当てた、カート・フィッシャー教授が提唱する「ダイナミックスキル理論」に基づく能力開発について事例をもとに解説。

なぜ部下とうまくいかないのか
「自他変革」の発達心理学

加藤洋平　著

四六判256頁

部下のことで悩む課長と人財コンサルタントとの対話形式により、部下とのコミュニケーション法や育成法、さらには自己成長や組織マネジメントを物語形式で説く。

リーダーシップに出会う瞬間
成人発達理論による自己成長のプロセス

有冬典子　著
加藤洋平　監修・解説

四六判312頁

女性リーダーに抜擢された主人公が先輩女性や同僚、上司らに支えられながら、自分の信念に立ったリーダーシップへの気づきのプロセスが共感的なストーリーでわかる。

日本能率協会マネジメントセンター